遺跡が語る聖書の世界

長谷川修一

新教出版社

目次

凡例

・本文中の聖書引用は「聖書協会共同訳」を用いた。ただし〔　〕は筆者による補足。

・出典のない図版はすべて Wikimedia Commons からとった。

本書で言及した成果の一部は、JSPS 科研費 17H01640、17H04527、19H01349、20H00004、21H00008 の助成を受けたものである。

遺跡が語る聖書の世界

1 住まい

神は果たして地上に住まわれるでしょうか。天も、天の天も、あなたをお入れすることはできません。まして私が建てたこの神殿などなおさらです。

（列王記上8章27節）

人と住まい

旧約聖書の登場人物たちは、どんな家に住んでいたのだろうか。アブラハムのように天幕に住んでいた人もいれば、ダビデやソロモンのように宮殿に住んでいた王たちもいる。ヘブライ語で住まいは「ミシュカン（משכן）」という。「住む」を意味する「シャーハン（שכן）」という動詞の派生語である。

人にとって家は、雨や風を避けるために必要である。有史以前、人類は洞窟を住まいとしていた。例としては、壁画で有名なフランスのラスコー洞窟やスペインのアルタミラ洞窟などがある。パレスチナ北部のカルメル山地には、「ナハル・メアロット／ワディ・エル・ムガラ」と呼ばれる洞窟がある。この洞窟には五〇万年以上にもわたって人が住んでいたことから、人類の進化の足跡をたどることのできる遺跡として世界遺産に登録されている。洞窟の中では火を焚いて、暖をとったり調理したりしていた。その後、新石器時代になって農耕が始まると、人々は洞窟から出て、外に住まいを求めるようになる。

水や食べ物同様、住まいは人間にとって必要不可欠なものである。そのため、聖書もたびたび住まいに言及する。前記のミシュカンの他に、ヘブライ語で「バイト（בית）」と呼ばれるものが一般的である。この語は「家」と訳されるが、物理的な家を指すと同時に、日本語の「〇〇家」のように、家族や家系をも指す言葉として使われる。「ベイト・ダヴィド（בית דוד）」は、「ダビデ王家」として聖書中に頻繁に言及されるし、紀元前九世紀後半に作成されたと考えられるアラム語のテル・ダン碑文にもその言及がある。物理的な「家」に代々一つの家系の人が住み続けることからこうした用法が生まれたのだろうか。

ちなみにこの「バイト」という語は、ヘブライ語のアルファベットの二文字目を表す言葉でもある。アルファベットの二文字目に選ばれたことも、家が人間にとっていかに身近であったかを物語っている。

このように人間にとって身近で、欠かせないものであり、旧約聖書の中にもたびたび言及されている住まいであるが、聖書の中にその具体的な記述は驚くほど少ない。それはあまりにもありふれていたために、あえて細部まで描写するほどのことではなかったからなのかもしれない。聖書の物語の主眼は、神と「神の民」との関係を描くことにある。そこに住居の細々とした描写などは不要だったのだろう。

天幕

アブラハムやイサク、ヤコブといった父祖たち（族長たち）は、天幕で生活していたとされる。天幕はヘブライ語で「オーヘル（אהל）」という。パレスチナをはじめとした中東地域には、今日でも天幕で暮らす「ベドゥイン」と呼ばれる人々がいる。彼らはヒツジやヤギなどを飼い、牧草を追って移動する生活形態を何千年もの間変えていない。もちろん、自動車やテレビ、携帯電話といった文明の利器を彼らは否定しないが、「定住」することを極端に嫌うのである。定住して土地に縛りつけられることを束縛と捉えるのだろう。彼らの価値観は、定住民の価値観とは大きく異なっていると言われる。中東には古来人口の一定数の割合で牧羊の民が存在し、定住農耕民とそれぞれ必要なものを交換しながら共存していた。

これらベドゥインと同様、アブラハムら父祖たちが住んでいたのは移動可能な天幕であった。移動可能ということは、分解して持ち運ぶことが可能ということである。それを構成するのは、基本的には現代のテントと同様、支柱、張り綱、覆い、そして張り綱を固定するために地面に打ち込むペグの四つであったと思われる。ただし覆いは、今日のように軽くて丈夫なポリエステルではなく、ヒツジやヤギなどの家畜の毛でつくられた。こうした天然素材は比較的軽く、また断熱性と防水性に富んでいた。

天幕による生活では、後述する都市の住宅のように石やレンガを建材として使うことはほとんどない。天幕の部品に使われる自然素材は土中で分解してしまい、遺物として残りにくい。そのため、発掘調査でこうした天幕の痕跡を発見することは容易ではない。その結果、父祖たちがどのような天幕に住んでいたのか、考古学的に復元することはほとんど不可能となっている。

実際のところ、父祖たちと呼ばれる人々が本当に天幕に住んでいたのかどうかについて、確かなことはわからない。父祖たちの物語が書かれた時代、イスラエルの人々の多くはすでに定住生活をしていた。自分たちの祖先が天幕に暮らしていたという伝承を持っていたのかもしれない。アッシリア帝国に伝わっていた「アッシリア王名表」の中には、ごく初期のアッシリア王たちが天幕に暮らす人々だったという記述もある。

しかしたとえそうした伝承がはるか遠い時代の父祖たちの記憶を何らかの形で伝えていたとしても、それらの伝承は口伝による長い過程において、より後代の人々の生活を反映したものとなっていったことだろう。つまり、私たちが目にする父祖たちの物語に保存されているのは、物語が書かれるまでの長い時代において、イスラエル人の周辺で暮らしていた牧羊民の姿と重ね合わされた記憶と言えるのである。

エレミヤ書35章に「レカブ人」と呼ばれる人々についての言及がある。彼らは家を建てず、種を蒔かず、ブドウ園を所有せず、生涯天幕に住む人々とされる。これらの人々はバビロニア軍がエルサレムを攻囲した際、エルサレム内に避難してきた人々だが、こうした記述からも、都市に定住していたイスラエル人の周囲に天幕に居住する人々がいたことを想像できる。

戦場において、兵士たちもまた天幕に起居する。そのため、サムエル記や列王記において、戦いに敗れた兵たちはまず自分たちの天幕へ逃げ帰ったとされる。古代イスラエルにおいて天幕での生活は、現代日本の都会で暮らす住民の多くが想像するよりはるかに身近なものだったに違いない。

南ユダ王国の町ラキシュを攻囲する際のアッシリア王センナケリブの軍営（紀元前７世紀初頭、大英博物館蔵、筆者撮影）

天幕への言及は、創世記の父祖たちの物語からヨシュア記・士師記の土地取得の物語までの間には多いのに対し、サムエル記以降大幅に減少する。このことは、自分たちの祖先は定住するまで放浪していたのだ、という彼らの歴史観の表出であり、必ずしも歴史的な事実ではない。近年の考古学は、紀元前二千年紀から紀元前一千年紀にかけてのパレスチナの物質文化にそれほど大きな変化はなかったと理解する。そこに外から物質文化が大量に流入した痕跡が見られないからである。すなわち、のちに「イスラエル」を標榜する人々の祖先の多くは、土着の、彼らが「カナン人」と総称する「先住民」に遡る。これら先住民は都市文明を担う人々であり、イスラエルの人々の敵として聖書に描かれているが、実際のところイスラエル人の多くはこうした人々の子孫だったと思われるのである。

さりとて、農耕民が牧羊民に一定の配慮を与えていると解釈できる落ち穂拾いの伝統など、その起源が定住生活よりも牧羊生活にあるのではないかと言われる伝承も旧約聖書には含まれる。したがって、のちに「イスラエル」を標榜するようになる集団の中には、牧羊を生業としていた人々が含まれていたと仮定するのは理に適っている。

仮庵祭

日本で中秋の名月を愛でるのは、太陰暦の八月一五日である。中国ではこの時に家族で月餅を食べる習慣がある。時を同じくして、ユダヤ暦ティシュリの月の一五日から七日間、ユダヤ人は仮庵祭（かりいおさい）を祝う。太陽暦だと九月から一〇月に当たる。レビ記23章33―43節に記されたこの祭りの規定によれば、この七日間、イスラエルの人々は仮庵に住まねばならなかった。現代のイスラエルでは、ベニヤ板で壁を作り、オリーヴやナツメヤシなどの植物の葉でその上を覆った簡素な庵を建てることがある。人々はその中で食事をしたり、寝泊まりしたりする。

この祭りの意義は、出エジプトの時にイスラエルの人々が仮庵に住んだことを記念することにあるという（レビ記23章43節）。つまりこの祭りもまた、春の過越祭と同様、神とイスラエルの人々との関係を規定したと伝えられる出エジプトと関連して語られているのである。しかし元来この祭りは、パレスチナにおける土着の農耕暦と関連した収穫祭にその

仮庵

起源を持つと思われる。おそらく、長らく祝われていた土着の収穫祭をヤハウェ崇拝の祭りに取り込んで正当化したのであろう。

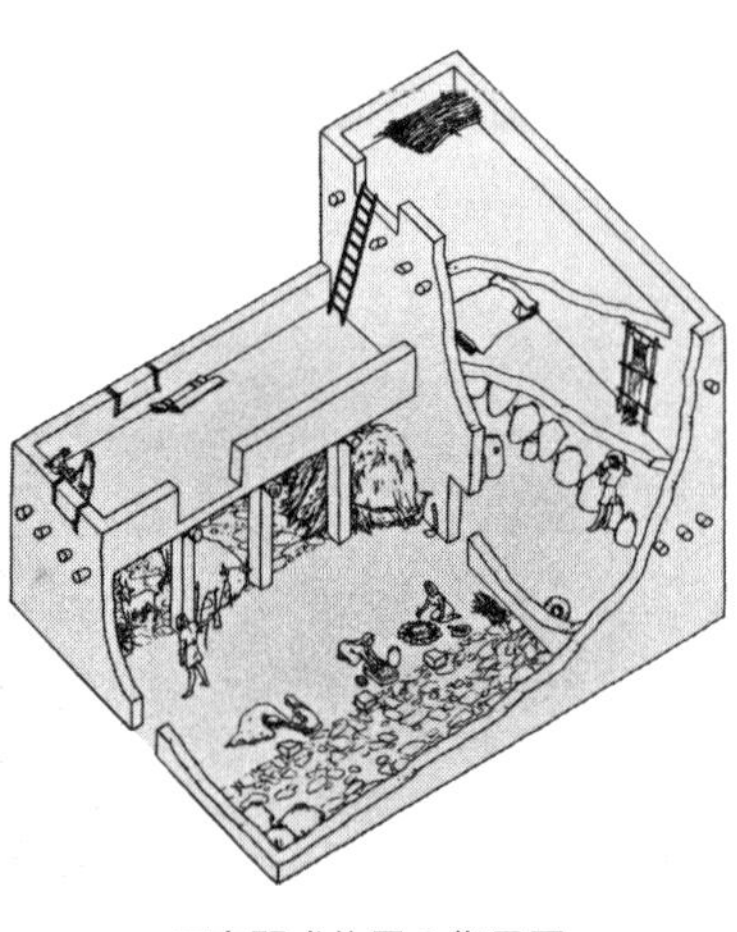

四空間式住居の復元図

家

では、発掘調査は古代イスラエルの人々の住まいについて、どんなことを明らかにしているのだろうか。古代イスラエルの人々がパレスチナの地に住んでいた時代を「鉄器時代」と呼ぶ。利器として青銅に替わって鉄が使われるようになった時代である。およそ紀元前一二〇〇年頃から紀元前五八六年頃までを指す。この時代の都市遺跡から見つかるのは、主に「四部屋式住居」と呼ばれる家屋である。これは英語の four room house の訳語だが、「部屋」と言っても、中央部分は屋根のない中庭なので、むしろ「四間式住居」とでも呼んだ方がよいかもしれない。

これらの住居では、壁の基礎部分に石、上部構造に日干しレンガが使われ、外壁や屋根などには防水のために漆喰が塗られていた。こうした住居は、入り口を入った中央部分に中庭があり、その両脇と正面奥にそれぞれ一つずつ空間がある構造をしている。正面奥の空間には二階部分があったと考えられている。中庭に面した両側の空間には、中庭側に壁のない場合もある。その場合、柱の礎石のみが残っているので、屋根はあるが風通しがよい空間だったはずである。それらの空間からは機織り（はたお）の道具や石臼などが見つかることが多いため、作業場として使われていたと想定される。また、家畜などを飼っていた可能性も指摘されている。

他方、奥の空間はおそらく貯蔵庫として使われていたようである。大きな甕（かめ）など、食糧を貯蔵するのに適した大型の土器が見つかることが多い。中庭からはかまどが見つかる。煙の出る火を使うため、屋根がない中庭にかまどを設置したのだろう。今日でも、家庭でパンを焼く中東やギリシアでは、屋外にパン焼きのかまどを設置しているのを目にする。

四間式住居は、古代イスラエルにおける標準的な家屋の型式で、かつてはイスラエル人という「民族特有」の物質文化の代表例と考えられた。ところが近年、こうした特徴を持つ家屋が、古代イスラエルの人々が住んでいたと想定されている領域を超えて見つかっていることから、必ずしもこれが「民族特有」の物質文化とは言えないことが指摘されている。むしろ当時のパレスチナやその周辺の風土や、そこで暮らす人々の生活形態に適した家屋だったと考えてよいだろう。

発掘で見つかる四間式住居の平均的な面積は四〇〜八〇平米である。四つの空間のうち、中庭と作業場を除くと、残る空間は二つしかない。食事をする場所が作業場の逆側の部屋だとすれば、寝室は二階の一空間ということになる。一空間とは言え、間仕切りをすれば二部屋は取れる。いずれにせよ、現代の日本の住宅事情に照らしていえば、この広さでは二世帯が住むには手狭に思える。この二倍や三倍の広さの四間式住居も見つかってはいるものの、四間式住居は基本的には核家族のためのものと考えてよいのではないだろうか。創世記2章24節には、「こういうわけで、男は父母を離れて妻と結ばれ、二人は一体となる。」とある。古代イスラエルの社会において結婚後の夫婦は、それぞれの父や母とは別の住まいを持ったのかもしれない。

筆者は二〇年ほど前、シリアの小さな町に住むダマスカス大学の学生の家を訪問したことがある。彼は両親と兄と暮らしていたが（他に姉や妹がいたかもしれない）、自分一人の部屋を持たず、小さな部屋を兄と共有していた。部屋といっても三つの壁に幅が一メートルもないような作り付けの寝台があるだけで、三畳あるかないかのまさに寝るためだけの部屋だったと記憶している。これまた記憶がおぼつかないのだが、もうすぐ兄が結婚するので、新婚夫婦のための部屋を庭に作るのだ、と言っていたように思う。伝統的に一般の家庭では、未婚の子どもたちに大きい部屋を与えることはなかったのかもしれない。

神の住まい

旧約聖書に人間の住まいの具体的な描写がほとんどないことは先に述べた。それとは対照的に事細かに描写されているのは神殿である。ヘブライ語に「神殿」という一語の単語はない。日本語でも「神殿」は「『神』が住む『邸宅』」と二つの言葉を合わせた意味を持つ。ヘブライ語では「家」を意味する「バイト」が神殿にも用いられる。神殿とはつまり、「神の家」ということである。

神に家がある、という発想は、自らが住居を持つ人々としては当然のことだったであろう。エジプトやメソポタミアの神々もまた、神殿に祀られていた。同時に「高き所」などと訳されるヘブライ語「バーマー（במה）」は、屋外の祭祀空間であるとされ、旧約聖書の中でたびたび非難の対象とされている。他方、アブラハムら父祖たちがあちこちに祭壇を築いたという記述も見られる。

南ユダ王国でこうした屋外の祭祀空間が廃されたのは、紀元前八世紀末のヒゼキヤ王の時代（列王記下18章4節）と、紀元前七世紀半ばのヨシヤ王の時代（列王記下23章8節）とされる。エルサレムの神殿以外での崇拝を禁じるこうした動きには、首都エルサレムに祭儀を集中させるねらいがあったと思われる。エルサレムには紀元前一〇世紀にソロモンによって建てられたとされるヤハウェの神殿があった。古代の王国は、支配権を正当化するための手段として神を利用した。聖書の中ではダビデ王家がその最たるものとして挙げられるが、ダビデの先代のサウルにしろ、北イスラエル王国でクーデターによって王位を簒奪したイエフにせよ、神の預言者から油注がれて王となっている。神の後ろ盾によって支配を正当化するに当たり、王家が神殿での祭儀を重要視したことは当然であろう。神を王権の後ろ盾とする論理においては、神は祀られる神殿に住んでいなければならない。列王記上5―7章には神殿の建設の経緯とその設計、資材や備品などが、寸法まで伴って事細かに記されている。この記述を残した人々にとって、神殿がいかに重要だったかがわかる。

しかしひとたび外敵によって王国が滅び、神殿が破壊されてしまうと、そこでの祭儀は不可能となる。国を失った南ユダ王国の亡民たちは、神は神殿には住まない、という思想によって、神殿の破壊と「神の喪失」というアイデンティティの危機を乗り越えようとした。本章冒頭に挙げた、神は人間が建てた神殿になど住まわない、という言葉は、ソロモンが列王記上8章の祈りの中で神に対して述べた言葉である。その上でソロモンは、自分（ソロモン）が建てた神殿を神が「その名をとどめる」と言った場所だ、と定義するのである。このような思想が登場したのはバビロニア軍によるエルサレム神殿破壊後のことであろう。

ペルシア時代に神殿が再建されると、再び神殿が祭儀の中心に返り咲く。七〇年、今度はローマ帝国によって神殿が破壊された。こうした危機にあって今度は会堂（シナゴーグ）が崇拝の中心的役割を果たすようになる（第一一章参照）。同時に旧約聖書という書物を正典化し、書かれた言葉を教え伝えることによって、神殿がなくても、また世界のどこに住んでいても自分たちのアイデンティティを保てるような工夫がなされた。こうしてユダヤ教は、世界のどこにでも持ち運べる宗教となったのである。

2 ワイン1

ぶどうの木は言った。／『神と人とに喜びを与える／私の新しいぶどう酒を諦めて／木々の上で葉を揺らすだけのものになれ／というのですか。』

（士師記9・13）

ワインのふるさと

今、巷(ちまた)では国産ワインがブームである。人それぞれ好みは異なるので一概には言えないが、筆者個人としてはワインは白の方が日本の風土に合うように思う。これまでワインフェアなどで国産の赤ワインを試してはきたが、これだ、と言えるものに未だ出会えていない。人件費の問題なのか、日本産のワインはチリなどの輸入ワインと比べると値段も張るため、またがっかりするかと思うと国産ワイン、しかも赤ワインにはなかなか手が伸びないというのが本音である。

ワインの歴史は古い。最古のワイン醸造地をめぐっては、ジョージア（旧名グルジア）とアルメニアの間で熾烈な争いが繰り広げられているそうだ。どちらも我が国こそ最古のワイン醸造地だと主張しているらしい。いずれにせよあの辺り、つまり黒海の東から南東にかけての南コーカサス地方がワインの故地であったということはほぼ間違いない。その理由は二つある。まず、野生ブドウの原産地がこの辺りであるということ、そして最古のワイン醸造施設の遺構がやはりこの辺りで見つかっているということである。アルメニアでは今からおよそ六〇〇〇年前のワイナリー跡が出土している。

さて、アルメニアと聞いて「アララト山」を思い浮かべた読者諸賢も少なくないだろう。アララト山は実はトルコ領に属している。しかし、古くからこの地域にはアルメニア人が暮らしており、彼らの文学作品にもアララト山はたびたび言及される。アララト山はいわばアルメニア人のシンボル的存在なのである。アルメニアの首都イェレヴァンから南を望むと、五〇〇〇メートルを優に超えるその美しい高峰を目にすることができる。この高くそびえる山こそ、地を滅ぼす大洪水を逃れたノアの箱舟が流れ着いた「アララト山」だ（創世記8章4節）といつの頃かヨーロッパの人々が考え、そう呼ぶようになったらしい。この山の頂（いただき）近辺で古い木材を見つけ、それをノアの箱舟の断片であると主張する人々もいるようだが、こうした主張は一般的には受け入れられていない。このアララト山を創世記の記すアララト山と同定する根拠はほとんどないに等しいのである。

アルメニアの都イェレヴァンから望むアララト山

最初の酩酊者

ノアは洪水後に農夫となってブドウ畑を作ったという（創世記9章20節）。創世記は最初の人間創造からノアの時代までの描写の中で、ブドウについて一言も触れていない。したがってここではノアを初めてのブドウ栽培者として描いていると考えてよいだろう。人類と野生のブドウとの出会いは、おそらくかなり古い。しかしそれを栽培するようになったのは、人類が農耕牧畜を開始して定住生活に移行した今からおよそ一万年前、新石器時代以降のことと考えられる。

アルメニアのシンボルであるアララト山が実際に箱舟が流れ着いた場所だったとするならば、そしてノアがブドウ畑を作ったのが箱舟の漂着地点近郊であったとするならば、世界最古のワイナリーが見つかった地域と人類最初のブドウ栽培者が活動した場所とがぴたりと符合することになる。これは果たして偶然だろうか。箱舟が止まったというアララト山が本当はどの山を指しているのかわからないために、残念ながらこの問いに答えることはできない。

洪水前のノアは、「正しく、かつ全き人」、「神と共に歩んだ」人（共に創世記6章9節）、「主の目に適う者」（同8節）として描かれている。他方、洪水後に農夫となったノアはどうだろう。

あるとき、ノアはぶどう酒を飲んで酔い、天幕の中で裸になった。（創世記9章21節）

ノアは酔って裸になっていただけではない。息子の一人ハムは、裸の父を見て二人の兄弟にそれを告げるのだが（9章22節）、ノアは酔いからさめたのち、ハムが自分の裸を見たことを知るとハムの息子、つまり自分の孫カナンを呪うのである（9章25節）。このノアの豹変ぶりには、果たして洪水前のノアと同一人物なのだろうかと首を傾げる向きもあるかもしれない。酒に酔うと人格が恐ろしいまでに変わる人間は確かに存在する。酔うと服を脱ぎ出す人もいるかもしれない（そして公の場でそれをされると大変困る）。神の好意を得たノアでさえ、酔うと自制が効かなくなるのだ、という教訓を伝えることがこのくだりの眼目だと考えることもできなくはない。しかし、孫を呪ったのはノアが酔いからさめた後のことと書かれている。素面（しらふ）で無実の孫を呪うことができるだろうか。ノアのこのふるまいは、やはり常軌を逸しているようにも思えるのである。

聖書の他の箇所との比較から、「裸を見る」という行為が性行為を暗示しているのだという解釈もある。そうだとすれば、ハムは泥酔している父を犯したことになり、現代日本であれば準強制性交罪等に問われかねず、有罪となれば五年以上の有期懲役に処される。しかし、ハムからの報告を受けた二人の兄弟たちが後ろ向きに歩いて父に近づき、その体を覆い、父の裸を見なかった、とあることから（9章23節）、現在の物語の文脈に照らせば、ノアの怒りはハムが全裸の父の姿を物理的に目にしたことにあると言ってよいだろう。

ここで想像力を逞（たくま）しくして、洪水前のノアの物語と農夫となったノアの物語とが、元来別の伝承に基づいていたと仮定しよう。ノアの洪水物語に酷似する洪水物語が、かつてメソポタミアで流布していた。『ギルガメシュ叙事詩』の一部である。この洪水物語の主人公はウタ・ナピシュティ（「我、己が命を見出したり」の意）という。これは洪水を無事に逃れた主人公を象徴する名前にふさわしい。他方、ノア（נח）の名前は「休息」を意味することから、ウタ・ナピシュティの名とは意味の上で大きく異なる。また、『ギルガメシュ叙事詩』を含め、メソポタミアには洪水物語が複数伝わっているが、それらの主人公が洪水後に農夫となってブドウ畑を作り、酒に酔って裸になるくだりを伝えているものは他にない。ノアの洪水物語がこれらメソポタミアの洪水物語を参照して書かれたという説は今日多くの研究者に受け入れられている。そうではなくて、実際にあったにせよなかったにせよ、もとをただせば両方とも同じ出来事にまつわる伝承を伝えているのだと考えることもできる。どちらにしても、この酩酊するノアの物語は、洪水物語とは別の伝承であった可能性が高そうである。

南コーカサス地方で最初にワインを醸造し、かつ最初の酩酊者となった人物にまつわる伝承が、形を変えながらやがて創世記に取り込まれ、いつしか洪水物語の主人公と同一視されるようになった、と想像するのは行き過ぎたことだろうか。

献げ物としてのワイン

本章冒頭で紹介した士師記の一節は、ワインが人だけでなく、神をも喜ばせる飲み物であるとする。人間が飲んで楽しむことのできる飲み物を神も喜ぶだろう、という発想は、「人型神観」と呼ばれる神の概念の一つに分類できる。神は人間の姿をし、人間と同じように食事をし恋愛をするという、ギリシア神話などにも見られる発想である（聖書の場合、このうち第一の点は、創世記において人が神の「かたち」に創られたとすることによって逆転している）。聖書には、神はすべてを超越しており、人間の世話など必要ない（例えば、人間の建てた家などには住まない）という考え方を示す記述もある。後者の発想は、おそらくバビロニアによってエルサレムの神殿が破壊された後に顕著となっていったも

紀元前2500年頃のシュメールの豊穣の女神への灌奠（ルーヴル美術館蔵）

のだろう（前章参照）。

大地の恵みを神に感謝する慣習は古代イスラエルに限らず、古今東西枚挙に暇がない。収穫を神々に感謝して初穂を奉納する日本の神嘗祭（かんなめさい）や新嘗祭（にいなめさい）もこれに類する。古くからブドウの栽培が盛んであったパレスチナにおいて、その加工物たるワインを神に献げるのはごく自然な行為だったのだろう。

ではどのようにワインを献げたのだろうか。民数記の献げ物の規定の中で用いられている動詞は「注ぐ」（נסך）であることから、祭壇の上にワインを注ぎかけたものと推察される。神殿ができる前、父祖ヤコブも神が現れた場所に石柱を立て、そこにワインを注いだとされる（創世記35章14節）。ワインを注ぐという行為は、古代西アジアやエーゲ海世界においては「灌奠（かんてん）」と呼ばれる一般的な儀礼であった。日本では春に「灌仏会（かんぶつえ）」と言って、仏像に柄杓（ひしゃく）で甘茶をかける祭りがあるが、これも一種の灌奠と捉えることができよう。ちなみに新共同訳で「ぶどう酒の献げ物」と訳されている単語（נסך）は口語訳では「灌祭」と訳されている。原語には「ぶどう酒」という語はない。そのため、「ぶどう酒の献げ物として、酒を注ぐ」（民数記28章7節）のように、訳として不自然な箇所があるので注意が必要である（聖書協会共同訳では「注ぎの供え物」）。なお、ここでの「酒」とはワインのことではない（第四章参照）。

ロトとワイン

すでに見たように、ワインに酔ったノアはあまり立派とは言えないふるまいをしたわけだが、創世記はワインについてこんなエピソードも収録している。アブラハムの甥ロトは、妻と娘たちと共にソドムに住んでいたが、神は悪がはびこっていたソドムを滅ぼすことを決める。そこから命からがら逃げのびたロトは二人の娘と山に住むことにしたが（妻は途中で後ろを振り返ったために塩の柱となった）、そこには娘たちと関係を持とうとする男性はいなかった。そこで姉妹は父ロトにワインを飲ませ、交替で父と関係を持って子を得た、というのである（創世記19章31―38節）。

この時に姉妹が生んだ子どもたちがそれぞれモアブとアンモンという、のちにイスラエル人のライバルとなるヨルダン川東岸の人々の祖先となったというのがこのエピソードの説明するところで、いわば「モアブ」と「アンモン」という名前の原因譚となっている。歴史的信憑性はさておき、ライバルの人々の出自を近親相姦によって説明しているところにこの話の要諦はある。

男性が自分の母や姉妹、孫娘と関係を持つことは律法で禁じられている（律法は男性に対してのみ近親相姦を禁じる体裁を取る）。そうであれば、実の娘と関係を持つことも当然禁止されていそうなものだが、それが当然過ぎるためなのか、あるいは写本の過程で抜け落ちてしまったのか、実の娘と関係を持つことを明白に禁止している律法はどこにも見当たらない。ただしロトの場合、律法がモーセを通して与えられる前の父祖たちの時代のことであり、かつイスラエルの民のように神との契約関係にもないため、そもそもこうした律法自体が適用されない。また、どちらの娘との場合でも、「父親は、娘が寝に来たのも立ち去ったのも気がつかなかった」とあるので（創世記19章33、35節）、ロトが積極

ヘンドリック・ホルツィウス《ロトと娘たち》（1616年、アムステルダム国立美術館蔵）

的に律法を犯したことにもならない。同様に娘たちについても、おぞましいことをしたとはっきり非難する文言はないのである。

興味深いことに、このエピソードを題材とした西洋絵画の多くにおいてロトはしっかりと目を開いているばかりか、娘たちとの関係を積極的に楽しんでいるかのように見えるものすらある。こうしたロトの姿は、創世記の記述には決して即していない。おそらくは画家たちの解釈によるものだろう。

ワインの光と影

聖書にはワインの素晴らしさを描写する箇所がある。本章冒頭の士師記の描写に加え、詩編には次のような記述がある。

人の心を喜ばせるぶどう酒を生み出し
油で人の顔を輝かせる。

パンは人の心を強くする。
（詩編104編15節）

雅歌もまた、恋人の愛をワインよりも素晴らしいと讃える。

私の妹、花嫁よ／あなたの愛はなんと美しいことか。／あなたの愛はぶどう酒よりも心地よく／あなたの香油は／どのような香料よりもかぐわしい。
（雅歌4章10節）

これらの言葉は、ワインを素晴らしい飲み物、人を心地よい気分にしてくれるものと評価しているゆえの表現と言える。加えて新約聖書は、ワインの医学的な効能についても触れている。

これからは水ばかり飲まないで、胃のために、また、度々起こる痛みのために、少量のぶどう酒を用いいなさい。
（テモテへの手紙一5章23節）

真偽のほどはわからないが、ワイン、とりわけ適量の赤ワインは、抗酸化作用が期待できるポリフェノールが含まれていることから、身体にいいという説があるようだ。しかし過度の飲酒が身体に悪影響を及ぼすことは言わずもがなである。聖書もワインを飲んで酔うことに対しては警告も発している（箴言23章20、21節など）。ただし、その警告は身体を壊すということよりはむしろ社会的な地位を損なう点に注目しているようである。

なお、新共同訳・口語訳の箴言とコヘレトの言葉で「酒」と訳されているヘブライ語は聖書中の他の書物では「ぶどう酒」と訳されている。箴言23章31節で「酒は赤く杯の中で輝き」と記されていることからもこれは明らかであろう。一般化した「酒」という言葉の方が、これらの教訓的作品を読む日本語話者に教訓として受け入れやすいという判断が働いたのだろうか（聖書協会共同訳の箴言23章31節も「酒」）。

「ワイン」の語源

ヘブライ語で「ワイン」を意味する言葉に、新共同訳・口語訳では「ぶどう酒」という言葉を使用している。むろん「ぶどう酒」という言葉も今日日本社会で立派に通用する言葉ではあるが、昨今では「ワイン」という呼称がすっかり定着した感がある。中国語では依然として「葡萄酒」と言うが、韓国でも「ワイン」と呼んでいるようである。

ワインという発音は言うまでもなく英語のwineに由来するが、フランス語のvin、ドイツ語のWein、イタリア語のvinoなど、多くのいわゆるインド・ヨーロッパ語系の言語では似た言葉が使われる。これらはラテン語でワインを意味するvinumに由来するという。同様にインド・ヨーロッパ語に分類される古典ギリシア語では「オイノス（οἶνος）」で、右に挙げたワインを意味するインド・ヨーロッパ語系の言葉との共通性が見られる。紀元前二千年紀にアナトリアで用いられていたインド・ヨーロッパ語のヒッタイト語ではwinan-と記されるため、かなり古い段階で、ワインを示すギリシア語はそのもととなる言葉から枝分かれしたのかもしれない。いずれにしてもインド・ヨーロッパ語ではおよそ三〇〇〇年以上にわたって、「ワイン」と似た響きを持つ言葉で、このブドウの産物を呼んでいたことになる。

それでは、ヘブライ語でワインは何と言うのだろうか。答えは「ヤイン（יַיִן）」である。ヘブライ語などの北西セム語では一定の条件下においてwの音はyに変化することが知られている。例えば、アラビア語で子どものことを「ワラド（walad）」と言うが、ヘブライ語では「イェレド（יֶלֶד）」と言う。こうした言語状況を考慮に入れると、ヘブライ語のヤインという言葉は、やはりインド・ヨーロッパ語の古い言葉と共通する未知の言語でワインを指した*win-/*woin-という言葉からの借用語であると考えられるのである。

日本語の「カルタ」や「タバコ」などのように、もともとは外来語だが、モノが伝わるのと一緒にその名前も伝わり、そのまま定着する言葉は多い。英語では日本酒のことをsakeと言うし、tsunamiは今や英語以外でも用いられる。かつて南コーカサスの人々が醸造したワインは、西方のアナトリアや南西の東地中海地方へと広まっていったのだろう。ワインと共にワインを指す言葉も同時に伝わっていったものと思われる。私たちが使う「ワイン」という言葉が、はるか遠い地で何千年も前から使われていた言葉とそう変わらないことを知ると、ワインを初めて口にした古代の人々が受けたインパクトの強さを想像することができよう。

味わい豊かなワインが強烈なインパクトを与えるのは、今日でも同様である。一昔前と比べ格段にレベルは上がったという国産赤ワインにもそのインパクトをそろそろ期待してよいのかもしれない。

3 ワイン2

王はぶどう酒を飲みながらエステルに言った。「あなたが望むことは何でもかなえよう。あなたが願うのであれば、国の半分なりとも与えよう。」

（エステル記5章6節）

現代イスラエルのワイン

イスラエルへ発掘調査に行く時の（個人的な）楽しみの一つは、疑いなく、調査の息抜きに味わう現地のワインである。現代のイスラエルには国際ワインコンテスト受賞経験を持つワイナリーもある。それら実力派ワイナリーが誇るワインはいずれも粒揃いで、ラベルを眺め、味を想像しているだけでも陶然としてくる。しばらく前まで手ごろな価格であったイスラエルのワインだが、昨今のインフレにより二倍近くまで値段が跳ね上がってしまった。物価に連動して給料も上昇している現地の人たちにとってはまだ手ごろなのかもしれないが、二〇年以上にわたり初任給がほとんど横ばいの日本から訪れる人間にとってイスラエルワインはもはや手ごろとは言いがたい。

それでも発掘調査の間滞在するキブツの売店に行くたび、レジにたどり着く頃にはいつの間にかイスラエルワインが一本（週末ともなれば数本）買い物かごに入っている。果たしてそれは、抗いがたいその魅力に憑りつかれた自分が無意識のうちに放り込んだものなのか、噂に高いその味を口にしてみたいと願う（あるいはすでに魅了されている）学生ボランティアがそ知らぬふりをしてそっと筆者の買い物かごに忍び込ませたものなのか。いずれにしてもその時点で棚に戻しに行くようなことはまずない。

古代のパレスチナワイン

ブドウ栽培に適した土壌・気候を備え、古代からブドウの栽培が盛んであったパレスチナではあるが、現代のイスラエルワインの醸造に使われるのはすべてヨーロッパのブドウ品種だそうだ。温暖で乾燥したパレスチナで、より冷涼なヨーロッパのブドウ品種から質の良いワインを生産するためには長年にわたる品種改良と新しい技術の導入が必要であった。今日の素晴らしいイスラエルワインの質はこうした努力の結晶である。

古代のワインの多くは赤ワインであった。赤ワインは、果実を潰して採れる果汁を果皮や種と一緒に発酵させて作る。ブドウの果皮には発酵に必要な酵母がもともとついているため、日本酒のように酵母を加えて発酵させる必要はない。つまり一定の条件下においてブドウは、放っておいてもワインになる可能性があるのである。太古の昔、ブドウの実が熟して穴のような窪んだ場所に落ち、そこで自然発酵した液体を飲んだことが人類による「ワインの発見」だったのではないかと思われる。

古代のワインの多くが赤ワインであったことは、「酒（＝ワイン。前章参照）は赤く、杯の中で輝き」という箴言23章31節の言葉からも、またイエスが最後の晩餐で「ぶどうの実から作ったもの」を

「杯」で飲み、これが「わたしの血である」と語ったことなどからも推察できよう（マルコによる福音書14章23―25節など）。他方、ツタンカーメンの墓から見つかった壺には白ワインが入っていたことが、壺の残滓物の分析から近年明らかになった。そのため、エジプトへワイン文化を伝えたと考えられているシリアやパレスチナ地方でも白ワインが飲用されていたことは想像に難くない。ツタンカーメンが口にしていたワイン自体、エジプトよりもブドウの栽培に適したシリアやパレスチナ産であったことも十分あり得る。後述するように、古代エジプトはこれらの地域から多くのワインを輸入していたからである。

現代のイスラエルワインとは異なり、古代のパレスチナで生産されたワインは中東のブドウ品種から作られていた。近年、発掘された古代のブドウの種を用いて、古代のパレスチナで飲まれていたワインを醸造するプロジェクトが進んでいるそうだ。味のほどは定かではないが、イエスが飲んでいたワインを味わえる日も遠くないかもしれない。

ワインはビザンツ帝国が東地中海地域を支配した時代までパレスチナ一帯で作られ盛んに飲まれていたが、イスラームがこの地を席巻するようになった七世紀以降、ワイン文化は衰退してしまう。『ルバイヤート』に酒への賛美が連ねられているように、イスラーム教には飲酒に比較的寛容な面もあったと推測されるが、いずれにせよこの地ではイスラーム時代の間、専ら食用のブドウが栽培されていた。ワイン用のブドウが再びパレスチナで大規模に栽培されるようになったのは一九世紀、ヨーロッパからユダヤ人が移住してきた時代のことである。

希釈ワイン

では、古代のパレスチナ住人はワインをどのように作り、楽しんでいたのだろうか。遺跡から出土する土器の中にはワインと関係の深いものも少なくない。例えば「クラテール（混酒器）」と呼ばれる大きなボウル状もしくは甕（かめ）状の土器があるが、これは中でワインと水を混ぜるためのものである。古代東地中海地域の人々はワインをそのまま口にせず、多くの場合、水と混ぜて飲んだらしい。この習慣はギリシアなどにもあり、古代ギリシアのホメーロス作と伝えられる叙事詩『オデュッセイア』などにもワインを水で割って宴会で飲む場面が何度も登場する。

ミケーネ出土のクラテール（紀元前12世紀、アテネ考古学博物館蔵、筆者撮影）

マカバイ記二15章39節にも「つまり、ぶどう酒だけ、もしくは水だけを、単独で飲むのは有害であるが、ぶどう酒と水を混ぜると、味はよくなり、人を心地よくする」という言葉がある。マカバイ記二の成立はヘレニズム時代であるから、当時のパレスチナにもギリシアの文化が浸透していたのは当然だが、それに先立つイスラエル王国時代やさらにそれより古い時代の層からもクラテールが出土するため、ヘレニズム時代以前からパレスチナにおいてもワインは水で希釈して飲まれていたと考えてよかろう。ワインの水割りは現代でもドイツなどで「ヴァイン・ショルレ」（ただし水は炭酸水）として飲まれている。

兵士とワイン

古代東地中海世界において、軍隊が行くところには必ずワインがあった（歴代誌下11章11節など）。ワインは古代兵士の必須飲料だったようである。疲労回復効果があったのだろうか。アルコールを摂取すると判断力が鈍ったり眠くなったりしそうだが、適度に薄めて飲めば、生水をそのまま飲むより危険が少なく、水分補給になると考えられていたのだろうか。そうであれば、ワインは必ずしも大人だけの飲み物というわけではなかったのだろう。哀歌2章12節には幼子や乳飲み子が母に「どこにあるの、穀物やぶどう酒は」と尋ねて息を引き取る場面が描かれているが、こうした場面は当時子どもたちもワインを水で薄めて常飲していたことを示しているのかもしれない。

マサダのコロンバリウム

近年、テル・アヴィヴ大学の研究チームが高度なイメージ解析技術を用いて、長い年月の間にインクが薄れてしまい肉眼では読むことのできなくなった碑文史料の解読に挑んだ。同チームはアラドという古代都市遺跡から出土したオストラコン（陶片）の書簡のこれまで解読できなかった部分に、油や小麦粉と共に「ワインがあるなら○○（の量）を送れ」という文章があることを発見した。この書簡は紀元前六〇〇年頃、新バビロニアのネブカドネツァル二世によって南ユダ王国が征服される少し前に作成されたもので、おそらくアラド近郊にあった南ユダ王国の砦の一つから、アラドの町にいる司令官宛に送られたものと考えられている。油や小麦粉と並んでワインを送るよう指示していることから、ワインが軍隊の必需品であったことがうかがえる。

　イスラエル各地のローマ時代の遺跡からは「コロンバリウム」と呼ばれる鳩舎が出土している。コロンバリウムの内部には、ハトが一羽ずつ休めるように仕切られた空間がびっしりと設けられている。多くのハトを飼うのは糞を肥料にするためだったと言われる。近年、こうしたコロンバリウムで見つかるハトの糞が分析されるようになった。コロンバリウムのような閉じられた空間から出土するこうした糞は、古環境を知る上で貴重な資料なのだそうだ。ハトが食べていた周囲の植物などがわかるのである。分析の結果、イスラエル東部にある要塞の遺跡マサダのように雨がごくわずかしか降らない過酷な環境下に設置された砦のコロンバリウムからも、近郊にブドウが植えられていたことを示す証拠が得られたそうである。ローマ時代の人々にとってもワインは欠かせない飲み物だったのだろう。

イズレエル平野で出土した酒ぶね（紀元前1千年紀前半、筆者撮影）。奥がブドウ搾り場、手前が果汁の溜まる槽

酒ぶね

　考古学はまた、ブドウを踏んで果汁を絞る古代の「酒ぶね」も発見してきた。ネヘ

エジプト出土の墓の壁画に記されたワイン製造の様子（紀元前1500年頃）

ミヤ記13章15節は、アケメネス朝ペルシア時代のユダで律法に反して安息日に労働を行う人々について「安息日に搾り場（新共同訳では酒ぶね）でぶどうを踏む」と記述している。

パレスチナで古代によく使われていた酒ぶねは、岩盤に掘り込まれた、隣り合った二つの水槽から成る。上の水槽と下の水槽には高低差がつけられており、二つの水槽は導水路によってつながれている。上の水槽に摘んだブドウを積み上げ、果実を足で踏んで潰すと、果汁は導水路を通って下の水槽に溜まる。そこでしばらく放っておくと、果皮についた酵母によって果汁が自然発酵し、ワインになるのである。ワインは空気中の酸素に触れると酸化してしまうため、石灰などを混ぜ、表面に膜を作って酸素を遮断したようである。

その後、発酵したワインを壺に入れる。ワインは発酵時にガスが発生するため、壺に入れて密閉してしまうと器内が膨張し、壺が割れてしまうことがあったようである。そのため、壺の栓となる粘土には穴が設けられ、中のガスを抜くよう調整していたらしい。

古代におけるこうしたワイン製造の一連の工程を、紀元前一五〇〇年頃のエジプトの墓で見つかった壁画が描いている。上、中、下の三段に分かれたこの壁画は、下に行くほど工程が進む。上段にはブドウ摘みと、摘んだ果実の運搬が、中段には酒ぶねでの果汁絞りと、壺に詰める作業とが描かれている。下段が描くのは、船によるワイン出荷の様子である。ナイル川を利用して船で運んでいたのだろう。パレスチナにおいてもほぼ同様の製造工程を経てワインが作られていたと考えられる。

テル・レヘシュ出土の土製フィアレ（筆者撮影）

ワインの飲み方

現代同様、アルコールを含むワインは宴会に欠かせない飲み物であった。イエスも、出席した婚礼の場で、水をワインに変える奇跡を行ったとされる（ヨハネによる福音書2章1―12節）。アッシリア王は、青銅などの金属で作られた「フィアレ」と呼ばれる器でワインを飲んでいたことが、宮殿の壁に刻まれた浮彫から知られている。同型の土製模倣品が、日本の調査隊が発掘しているテル・レヘシュからも出土している。

果皮と一緒に発酵させたワインには果皮や種の残りが入ってい

たのだろう。それらの固形物を濾すための濾過器（ストレーナー）を用いている場面がアッシリアの宮殿浮彫に描かれ、また現物も見つかっている。一般の人々もそのようにして飲んでいたかどうかはわからないが、少なくとも宮廷などでは濾したワインを口にしていたものと思われる。

宴においてワインは、壺からクラテールに入れ、水を加えて割ってから、デキャンタのようなものでクラテールから汲み、さらに濾過器で漉したのちにフィアレに注いで飲まれていたようである。本章冒頭で紹介したエステル記からの一節は、アハシュエロス王がワインに酔い、エステルの願いを何でも叶える、と言う場面である。アケメネス朝ペルシアにおいても同様の飲み方でワインを楽しんでいたものと思われる。

現代では食事に合わせてワインを選ぶが、当時どのような食事と合わせていたのかは不明である。ギリシアなどでは松脂などの樹脂やハチミツで味付け、香り付けをしてワインを楽しんでいたが、同様の習慣が古代パレスチナ地方にもあったかどうかはわかっていない。ギリシアでは今でも松脂の入った「レツィナ」と呼ばれるワインが飲まれている。

ワイン交易がつなぐ世界

古代地中海世界において、儀礼でも（前章参照）宴でも用いられ、また軍隊でも必需品であったワインは常に大量に消費された。南ユダ王国の複数の遺跡において、ヘブライ語アルファベットで「ラメレフ」（למלך）と記された印影（スタンプ）が把手に捺された大型の壺が大量に発見されている。「ラメレフ」とは「王のもの」を表すヘブライ語である。これらの壺が発見されるのが紀元前八世紀終わりから紀元前七世紀にかけての層であり、その容積がほとんど同じであることから、南ユダ王国がその中身を一元的に管理していた証左と捉えられている。内容物はおそらく、パレスチナ地域の重要な産物であったワインかオリーヴ油だったただろう。

むろんワインは国内で消費されただけでなく、ブドウがあまり育たない地域などへも輸出されたと思われる。古代エジプトの多数の遺跡からは、レバノン近辺で作成された壺が多数出土する。おそらくレバノンやシリア、パレスチナ辺りで生産されたワインを大量に輸入していたのだろう。

時は下り、紀元前四世紀後半のヘレニズム時代になると、エーゲ海産のワインが東地中海世界を席巻する。アレクサンドロス大王の東征以降、ギリシア文化は同地域に急速に広まった。ギリシアの食文化の浸透と共にエーゲ海産のワインもよく飲まれるようになったのだろう。エーゲ海の島々は平野部が少なく、パンの原料となる麦類など穀物の栽培には不適である反面、ブドウやオリーヴなどの果樹を栽培するには適していた。そのためヘレニズム時代、エーゲ海の島々は競うようにワインを生産し、それぞれの島で独特の、両側に把手のある壺（アンフォラ）を製作し、その中にワインを詰めて盛んに輸出した。こうしたアンフォラの中でもロドス島で生産されたものは、把手の部分にアンフォラの生産者や生産された年の紀年銘（ロドス島の高官が順番に自らの名を冠した年名）を記した印影が捺されていることから、いつ頃生産されたアンフォラなのかがわかる。そのため、こうしたアンフォラはそれらが出土した遺構の年代決定に重要な役割を果たしている。日本の調査隊がかつて発掘した二つの遺跡、シャロン平野のテル・ゼロールや、ガリラヤ湖東岸のテル・エン・ゲヴでも、こうしたアンフォラの把手が数点ずつ出土している。

産地ごとに生産するアンフォラの形状が異なれば、飲まずとも外見からどこで醸造されたワインか判断できる。他方、エーゲ海のコス島産のアンフォラを模倣して製作された偽物のアンフォラも出回っており、当時繰り広げられたワイン競争がいかに熾烈であったか、その一端をうかがわせる。コス島のワインは酸化防止のために果汁に海水を加え、長期保存が効くワインとなった反面、含まれる塩分ゆえにワインの原産地特定が難しくなった。コス島のワインかどうか味ではわからないのであれば、外側だけを模倣する「コピー品」が出回っても不思議ではない。ちなみにヘレニズム時代には、エーゲ海産のワインは遠くインドでも飲まれていたが、インドで発見されるこの時代のアンフォラの中でもコス島産のアンフォラは大きな割合を占めている。

現代のフランスでも、ボルドーやブルゴーニュ、アルザスなど、生産地によってボトルの形状が異なり、食に合わせてワインを選ぶ時に参考とする一要素となっている。生産地ごとに容れ物の形状を変えるという、ある種の「ブランド化」がすでに二〇〇〇年以上前から行われていたことを知ると、今夜口にするワインが一層味わい深くなるかもしれない。

4　ビール

「さあ、ぶどう酒を手に入れよう。／麦の酒を浴びるように飲もう。／明日も今日と同じだろう。／いや、もっとすばらしいに違いない。」（イザヤ書56章12節）

現代イスラエルのビール

「ビールは発掘調査のガソリンである」とは、長年一緒に働いているイスラエル人考古学者の言葉である。酷暑の八月、炎天下で行う発掘調査の後、冷蔵庫からよく冷えた瓶を取り出し、卓を囲んで酌み交わすビールはたしかに五臓六腑に染み渡り、疲れた身体に新たな活力を与えてくれる気がする。日本の調査隊が発掘にやって来る八月、滞在先のキブツの売店はビールの入荷量を大幅に増やす。冗談ではない。そうでもしなければ売店の店頭からビールが瞬く間に消え去り、ガソリンを切らした私たちの調査が思うように進まなくなることを、長年の付き合いで向こうもよく承知しているのである。

イスラエルにはゴールドスターとマカビーという二大国産銘柄がある。ゴールドスターはやや濃い色をして、ほろ苦くしっかりした味、マカビーは明るい色でさっぱりした味、とでも形容できようか。かつては「安かろうまずかろう」の代名詞とも言われたネシェルというビールも近年は味が改善しているようである。この他にも、国内でライセンス生産されたトゥボルグやカールスバーグなどのデン

現代イスラエルの二大ビール銘柄、ゴールドスター（左）とマカビー（右）

マークの銘柄、ロシアから輸入された安いビールなどが店頭に並ぶ。これらは基本的に下面発酵のラガービールに分類される。瓶でも缶でも売られているが、どちらかと言えば缶より瓶が好まれ、コップに注がず瓶から直接飲む人も多い。

これら現代イスラエルにおけるビールのルーツは、一九三〇年代から四〇年代に遡る。この頃イギリス委任統治下にあったパレスチナにはイギリスやオーストラリアの兵士たちが多数駐屯していたが、これらの兵士たちに供給するビールの需要が高まったのである。先述したネシェルの生産もこの頃に始まっている。やがてそれは市民たちの間でも愛飲されるようになった。その後イスラエル独立を経て、近年ではイスラエル各地にクラフトビールを生産する醸造所も現れている。

このようにビールは近年のイスラエルで最も人気のあるアルコール飲料の一つである。では、聖書時代においてはどうだったのだろうか。聖書に登場する人々も果たしてビールを口にしていたのだろうか。古代パレスチナにおけるビールを考える前に、近隣の大文明におけるビールについて概観してみよう。

古代エジプトにおけるビール

古代エジプト研究者の馬場匡浩(ばばまさひろ)によれば、古代エジプト人は「パンを食べ、ビールを飲む人々」と呼ばれていたそうである。古代エジプト人の墓に描かれた壁画にはビールを醸造する場面が描かれており、また碑文にもビールへの言及が多いことから、馬場氏はビールを「古代エジプトの国民的飲み物」と呼ぶ。ビールが古代エジプトに登場したのは、この後紹介する古代メソポタミアと時期的にはそれほど変わらない。

しかし前章まで扱ったワインとは異なり、ビールの醸造には複雑な過程が必要とされる。ビールの原料となるコムギやオオムギなどのムギ類にアルコールを作るための酵母が備わっていないこと、原料それ自体の糖度が低く、そのままではアルコール発酵しにくいことがその主な理由である。

そのため、原料に一工夫が必要とされる。ムギを発芽させた麦芽を用いるのである。麦芽になるとアミラーゼと呼ばれる酵素が内部に生成され、ムギの中にあるデンプンの糖化を促進させることが可能となる。さらに、酵母を人為的に添加する必要もある。ブドウ同様、もともと酵母を持っているナツメヤシが使われたという説が有力とされてきたが、近年は乳酸が利用された可能性も指摘されている。具体的には、ムギを粗挽きして酵母や水と一緒に捏ねたものでパンを焼き、さらにそのパンを砕いて大甕に入れ、水と混ぜて発酵させるなどの方法が取られたらしい。いずれにしても古代におけるビールはワインよりもはるかに複雑な過程を経て醸造され、人々の喉を潤したのである。

さて、こうして醸造された古代のビールは、現在我々が「喉ごしがいい」とか「キレがある」などと形容する、発泡性がありホップが効いて苦みのある飲み物とは異なっていたようだ。味は酸味があ

古代エジプトのビール醸造所の模型（紀元前 2000 年頃、メトロポリタン美術館蔵）

ったり甘かったりと様々で、時にはハチミツなどを加えて飲んでいたようである。またワインと混ぜ、ビアカクテルのようにして飲んだことも知られている。当時のビールは日持ちしなかったため、比較的短期間のうちに消費されたようである。

古代メソポタミアにおけるビール

「よいもの、それはビール。嫌なもの、それは旅路」という諺が、初期の古代メソポタミア文明を築いたシュメール人のものとして伝えられている。ビールは古代メソポタミアでそれほどまでに親しまれた飲み物であった。ちなみに「旅路」はおそらく兵隊として駆り出された軍事遠征を指すものと思われ、現代の観光旅行に相当するものではない。嫌がるのも無理はなかろう。古代のメソポタミアにはビールの種類を指す言葉が非常に多い。こうした事実からも彼らが相当のビール好きであったことがうかがえる。

シュメール都市ウンマ出土、アルルの「ビール領収書」（ビールの売買を記した粘土板文書）（紀元前2050年頃）

　ワインの原料となるブドウとは異なり、ビールの原料であるムギはエジプトにおいてもメソポタミアにおいてもより広い地域で栽培が可能であった。生活に欠かせないパンの材料でもあるムギからできるビールは、古代メソポタミアの人々にとって生活の必需品でもあった。アルコール飲料であるため、ワイン同様、嗜好品としての側面もあったが、より庶民的で、かつその栄養価も評価されていたらしい。ワインが王侯貴族の宴会などで供された高級アルコール飲料であったのに対し、ビールは国家が職人や労働者に配給していた記録も残っている。

他方、ビールはエジプトにおいてもメソポタミアにおいても、神々に献げる飲み物としてワインと並んで言及されている。神々は人間と同じようなものを飲食すると考えられていたのであろう。

文明の飲み物

古代メソポタミアのベストセラー文学と言えば、何はさておき『ギルガメシュ叙事詩』であろう。主人公ギルガメシュは、南メソポタミアの都市国家ウルクの王として紀元前三千年紀に実在していたと言われる。この叙事詩は、ヘレニズム時代に至るまで長らく古代メソポタミアで伝え続けられた。著者性も社会における書物の価値も今日とはまるで異なる古代であるから、「ベストセラー」という言葉で表現することには語弊があるが、少なくとも古代メソポタミア発祥の楔形文字を習得した書記で同作品を知らぬ者はいなかったであろう。ギルガメシュ叙事詩が刻まれた粘土板はメソポタミアのみならず、アナトリア（今日のトルコ）やパレスチナでもその断片が発見されていることから、これらの地域においても書記の学校教材として使われていた可能性が高い。かく言う筆者も、かつてイスラエルにおいてアッカド語（アッシリアやバビロニアなどで用いられ、楔形文字で書かれた古代メソポタミアの主要な言語）を勉強した際には、このギルガメシュ叙事詩を教材の一つとして学んだ。

三分の二が神、三分の一が人であるギルガメシュは暴君であったため、神々は粘土で彼のライバルを作った。野人エンキドゥである。動物たちと共に草を食み、水を飲み、恐ろしい膂力（りょりょく）を持ったエンキドゥに、ギルガメシュはシャムハトという女を遣わす。シャムハトはエンキドゥが彼女と交わると動物たちはエンキドゥを恐れるようになり、逃げ去ってしまう。シャムハトはエンキドゥを伴いウルクの町へと向かうが、その途上、シャムハトはエンキドゥの前にパンとビールを置く。エンキドゥは最初それらが何であるかわからなかったが、シャムハトの勧めでそれらを口にして大いに喜ぶ。叙事詩はその様を「彼は人間らしくなった」と表現している。パンを食べること、ビールを飲むこと、これらが人間らしい生活だ、と古代のメソポタミアでは考えられていたらしい。都市文明から見た「未開」の人々を「パンの食べ方もビールの飲み方も知らない、肉を生で食す人々」と呼ぶ文書もある。

ビールが文明の象徴とされたのは、その製造過程の複雑さによるものであろう。ワインはおそらく人類による「発見」だが、ビールは人類による「発明」だ、とはメソポタミア考古学者の小泉龍人（こいずみたつんど）の言である。

聖書におけるビール

聖書に戻ろう。読者諸賢は、聖書の中に「ビール」の文字を見たご記憶があるだろうか。日本語訳聖書で「ビール」が登場するものは、筆者の知る限りない。エジプトにおいてもメソポタミアにおいても主要な飲み物の一つであったビールは、果たしてパレスチナにおいてはほとんど飲まれることがなかったのだろうか。

アッカド語でビールを「シカルム（šikarum）」と呼ぶ。同じセム語の仲間であるヘブライ語には、これと同じ語源を持つとされる「シェハル（שכר）」という語があり、旧約聖書の中で二〇回ほど用いられている。口語訳や新共同訳といった日本語の聖書ではこのシェハルを「強い酒」「濃い酒」などと訳してきた。本章冒頭に挙げたイザヤ書で「麦の酒」と訳されているのがシェハルという単語なのである。果たしてこの語は古代パレスチナにおけるビールを指しているのだろうか。

このシェハルという単語は同じ文字を使った動詞「シャーハル（שכר）」の派生語とされるが、この動詞は「酔う」を意味している。アッカド語では「シャカールム（šakārum）」という動詞がこれに当たる。シェハルがもし動詞の派生語として「酔わせるもの」という意味で用いられているのであれば、それは必ずしもビールを意味しないかもしれない。聖書の諸日本語訳ではそうした理解のもと、「強い酒」「濃い酒」といった訳語を伝統的に当ててきたのだろう。パレスチナ地域はブドウ栽培に適しており、ワインを早くから作っていたであろうことから、ブドウ栽培が難しいエジプトやメソポタミアに比してビール醸造の需要がそれほど高くなかったことは十分に考えられる。

しかし、メソポタミアではこの語がビールを指していたこと、特にバビロニア捕囚以降、メソポタミアの文化に接触した結果、様々なメソポタミア的要素が旧約聖書に取り込まれていることを考えれば、シェハルがビールを指していた可能性は決して低くない。パレスチナでもムギは古くから栽培されていたのだから、製法さえわかればビール製造は可能である。二〇一八年にはスタンフォード大学のチームがイスラエルの洞窟で一万三〇〇〇年前のビールの残滓物を発見したという報道すらあった。またレビ記10章9節や民数記6章3節、申命記14章26節などでシェハルがワインと並んで言及されていることも、エジプトやメソポタミアにおける同様の例を踏まえればその正体がビールであることとの証左になると思われる。

シェハルをブドウの搾りかすを蒸留して作ったブランデー（グラッパ）だとする向きもあるが、蒸留酒となると「シェハル（麦の酒）の酢」（民数記6章3節）を作ることは難しかったであろう。ワインから酢を作るのは簡単であるし、ビールの原料の麦芽であればモルトビネガーが作れる。やはりシェハルを醸造酒と考える方が妥当に思われる。

こうした昨今の研究の進展を反映してか、二〇一八年一二月に刊行された待望の新訳、聖書協会共同訳では、シェハルをほぼ一貫して「麦の酒」と訳しているようである。

しかしウィスキーもジンもウォッカも、そして麦焼酎もすべて麦を原料とする酒であるため、「麦の酒」では紛らわしい。すでに近年のいくつかの英訳、独訳聖書がそうしているように、ここは潔く「ビール」と訳すこともできたであろう。そうしなかったのはなぜだろうか。

ビールのイメージと聖書翻訳

日本語訳聖書以外の各国語訳聖書でも、シェハルの訳語に「ビール」は長年使われてこなかった。この背後にはどのような理由があるのか。筆者の推理は次のようなものである。

古代のエジプトやメソポタミアで盛んに飲まれていたビールは、ギリシア人には好まれなかったとされる。ギリシアはブドウ生産に適しており、前章でも取り上げたようにヘレニズム時代になるとエーゲ海の島々は盛んにワインを輸出していた。特にアレクサンドロスによってこれらの地域が征服されると、ビールは被征服民の飲み物として格下と見られるようになったのかもしれない。ビールに対するこうした考え方はローマ人にも引き継がれたようである。

他方、一世紀のローマの学者プリニウスは『博物誌』の中で、ローマ北方のヨーロッパにいたゲルマン人たちがエジプトのビールと似た飲み物を飲んでいたことを記録している。ゲルマン人たちはやがてキリスト教を受容し、フランク王国などを築いていった人々である。キリスト教と同時にローマ文化をも受容したゲルマン人たちは聖餐式で用いるワインを高貴な飲み物と考えたようだが、だからと言って彼らはビール製造をやめることはなかった。中世にはビールの長期保存を可能とするホップの使用も始まった。それまでは主として自家消費用に製造されていたビールは、ホップの使用によって商品として市場に出回るアルコール飲料となったのである。

しかしその後、とりわけブドウ栽培が困難なイギリスにおいて、ビールを庶民の、ワインを上流層の飲み物とする風潮が醸成された。こうした伝統を反映してか、一六一一年に完成し、一九世紀末まで英国国教会の典礼で用いられる唯一の聖書であったジェイムズ王欽定訳では、シェハルが「強い酒」と訳されている。さらに一六世紀に登場したピューリタンが禁酒運動を進めると、大衆の飲み物とされたビールを見下す傾向にも拍車がかかった可能性がある。

もしこの推察が正しいならば、「ビール」という訳語がシェハルに当てられなかった背景はよく理解できる。民数記28章7節には「聖所で、主に対するぶどう酒の献げ物として、酒を注ぐ」（新共同訳）とある（「ぶどう酒の献げ物」という訳が不適切であることは第二章参照）。ここで「酒」と訳されている語（口語訳では「濃い酒」）はシェハルである。これは神がイスラエルの民に与えた命令であるため、これを「ビール」と訳すと、神がビールを自身に献げるようにと民に命じていることになる。ビールのイメージがよくない社会においてこれが問題となり、「ビール」という訳語が意図的に避けられたのではないかと思われる（ちなみに一五四五年に刊行されたルター訳でこの箇所のシェハルは「ワイン」と訳されている）。しかし、エジプトやメソポタミアではワインと共にビールも神々に献げられていたことを考えれば、その間に位置し、両文明から多大な影響を受けていたイスラエルにおいてビールが神に献げられていたとしても何ら不思議ではない。

「強い酒」「濃い酒」という従来の訳語の代わりに「麦の酒」と訳した聖書協会共同訳には、近年の研究動向を取り入れようというある程度の工夫が見られる。同時に、あえて「ビール」を採用しなかった辺りに、未だ根強い西ヨーロッパ由来のビール蔑視の傾向が見て取れるのである。なお、聖書協会共同訳で民数記28章7節のシェハルは「酒」となっており、「麦の酒」はその注で触れられているに過ぎない。ここまでして神にビールを献げたがらないのは、訳者のビール嫌いを示すのか、はたまたその逆なのか。上面発酵のヴァイツェンでもひっかけながら、その辺りを今夜じっくり考えてみよう。

5 ファッション

だから、言っておく。自分の命のことで何を食べようか何を飲もうかと、また体のことで何を着ようかと思い煩うな。命は食べ物よりも大切であり、体は衣服よりも大切ではないか。

（マタイによる福音書6章25節）

制服が映し出す現代日本社会の闇

日本で四月と言えば新学期である。進学して初めて迎える新学期、進学先の学校の制服に、少しだけ大人になった気持ちで、はにかみながら袖を通す子どもたちもいることだろう。世界の国々を見渡すと、日本は制服大国と言えるのではないだろうか。私立はさておき、公立の幼稚園・中学校・高校の多くにも制服がある。

制服がこれほど広まった理由について詳しくは知らない。しかし制服制度がかつて導入されたというだけでなく、現在に至るまで採用され続けていることにはそれなりの理由があると思われる。街中で悪事を行う生徒・児童がどこの学校の者かひと目でわかるように各校で制服が違うのだ、という話も耳にしたことがある。また、とりわけファッションに関心を持ち始める子どもたちが流行を追いかけ、勉強に注ぐべき時間やエネルギーを費やしたり、はたまた学校が最新のファッションを見せ合う競争の場となったりする事態を避けるという理由もあるらしい。特に最後に挙げたような事態は公立学校としては避けたい状況だろう。身につけるものには家庭の財力が如実に表れ得ることから、経済的に余裕のない家庭の子どもがそれによって引け目を感じたり、それが理由でいじめの対象にされたりすることがないとも限らないからである。

しかし、だから全員同じ格好をしよう、ということでは問題の根本的な解決になっていない。現実の世界ではファッションが季節ごとに目まぐるしく変わり（服をどんどん消費してもらいたいアパレル業界の都合でわざと変えられている）、大人も子どもも街頭で、またテレビや雑誌を通して最新の流行に日々晒されている。そもそも制服を着ているのは学校にいる間だけなのだから、それ以外の場所でファッションをいくらでも追求できる。

むしろ、身につけているものが違っても、そうした違いを個性として受け入れることができるような子どもたちを育てるのが根本的な解決策であり、真の教育なのではないだろうか。臭いものには蓋をしろ、では社会の基本構造は変わらない。痴漢が多いから女性専用車両を設けるというのもまた、これと同じ発想のように思える。問題の根源は痴漢が生まれるような社会にあるのだから、社会を改善しない限り真の意味で問題解決とはならない。本当かどうかはさておき、痴漢行為で逮捕された人がそうした行為をした理由にしばしば仕事のストレスを挙げるそうである。そんなストレスを生み出す社会、満員電車で通勤・通学しなければならないような社会はどこかが根本的に間違っていると思うのである。

衣服が語る人間

衣服は寒さから人を守るだけではなく、社会的な役割も担っている。列車の車掌や飛行機の客室乗務員などが着る制服には、ひと目でその人の役目がわかるという利点がある。ひと目でわかれば、乗り継ぎの情報を尋ねるのに車内の誰が車掌かわからず、とりあえず手当たり次第声をかけて相手が車掌かどうか確認する手間が省ける（時間がたっぷりあればこれはゲームとしては面白いかもしれない）。ただしそれは身につけているものを見ることによってその人と自分との関係性を推測できるという利点であり、こうした利点を目の不自由な人は直接的には享受していないということにも社会は留意すべきだろう。

現代のように多くの人がファッションに関心を持つようになったのは、産業革命によって製織・縫製・染色技術が発達して衣服の大量生産が可能となり、一般庶民がファッションを楽しむことができるようになってからのことである。それまでファッションを牽引してきたのは富裕層であった。そうなると、本章冒頭で引用したイエスの言葉はもともとファッションを追い求めることを批判しているわけではないことになる。食べるものにも着るものにも事欠くような暮らしをしている人々に、イエスは心配する必要はない、と言っているのである。次の言葉もそういう人々に宛てて言われていると見るべきであろう。

なぜ、衣服のことで思い煩うのか。野の花がどのように育つのか、よく学びなさい。働きもせず、紡ぎもしない。しかし、言っておく。栄華を極めたソロモンでさえ、この花の一つほどにも着飾

ティリアン・パープルのもととなる液を排出するシリアツブリガイ

ってはいなかった。今日は生えていて、明日は炉に投げ込まれる野の草でさえ、神はこのように装ってくださる。
（マタイによる福音書6章28―30節）

衣服は、人々の社会階層や職業を表すこともあった。高価な衣服を身にまとった人間が裕福な階層に属していることは想像に難くない。エゼキエル書23章6節には「彼らは、青の衣を着た総督や長官であり、すべて美しい若者であり、馬に乗る騎兵たちであった」とある。古代の西アジアにおいて赤紫は高貴な色であった。当時赤紫の布は、今日のレバノン沿岸部に生息する貝から採れた赤紫色の染料を用いて染められたが、一つの貝からはごくわずかな染料しか採ることができず、この染料で染められた布は必然的に大変高価なものとなったからである。この染色を独占していたのがフェニキア人であった。王者の色として「ティリアン・パープル」という言葉があるが、「ティリアン（Tyrian）」はティルスというフェニキアの都市国家の名前に由来する（ティルスについてはエゼキエル書27章参照）。

また、「捕虜の衣服」（申命記21章13節）や「やもめの服」（創世記38章14、19節）といった言葉も、衣服が社会階層や社会的立場を表していたことを示している。やもめの服に言及する創世記38章は、ヤコブの一二人の息子の一人ユダと、彼の息子の妻タマルとのエピソードを描いている。夫に死なれたタマルは、夫の父親であるユダと関係を持つためにやもめの服を脱いでベールを被った（14節）。

ユダはタマルを見ても息子の妻とはわからず、「顔を隠しているので遊女だと思った」（15節）とある。ベールは自分の正体を隠すための道具であるとも考えられるが、ユダの発言からは遊女が顔を隠して活動していたらしいことがうかがえる。それが彼女らの日常生活に差しさわりが生じる恐れがあるためなのか、その方が客に魅力的に見えたのか、はたまた容色の難を隠そうとするためであったのか、その辺りの事情は判然としない。しかしこのことから反対に、遊女ではない女性は顔を隠していなかったこともわかるのである。

作られる羞恥心

人は裸で誕生する。身につける服が貧富や地位を表す記号となる社会では、裸になればその記号は取り去られ、（社会によっては富裕な人がより太っている、あるいはその逆であるということはあるとしても）社会的な差異は見えにくくなる。

アダムとエバは創造当初、「二人とも裸であったが、互いに恥ずかしいとは思わなかった」（創世記2章25節）とある。しかし後に禁じられた木の実を口にすると「二人の目が開かれ、自分たちが裸であることを知った。彼らはいちじくの葉をつづり合わせ、腰に巻くものを作った」（同3章7節）と書かれている。この記述から、聖書を書いた人々が裸を恥ずかしいものと感じていたことは想像に難くない。泥酔した父ノアの裸を見たハムの息子がノアから激しく呪われたことはすでに紹介した（第二章参照）。「私もまたあなたの衣服の裾を顔まで上げ／あなたの恥をあらわにする」と記すエレミヤ書13章26節などからも、裸が恥ずかしいという感覚があったことがうかがえる。

他方、現代でも裸であることを恥ずかしいと思わない社会も存在する。公共の場での授乳を極めて普通の光景として描く明治時代の小説を読むと、当時の日本社会における羞恥心が現代のそれとは異なっていたことを感じる。明治時代に日本を訪れた西欧の人々が、日本では男女区別のない公衆浴場を使っていることに驚いたという話があるが、こうした慣習は日本の西洋化と共に次第に廃れていき、やがて日本でも人前で胸をはだけて授乳することや、男女混浴の風呂に入ることなどに抵抗を感じる人が増えていった。羞恥心というものは人間社会が作り上げたもので、社会通念が変化するとそれに伴って変化することをよく示している。

人が裸でいることを恥ずかしく感じるのは、周囲の人々が皆服を着ているからではなかろうか。銭湯や温泉などでは皆が裸だから、自分が裸になってもあまり恥ずかしくは感じない（感じる人もいるだろう）。しかしアダムとエバの場合、当初は二人とも裸だったのだから、この考察は当てはまらない。創世記は羞恥心という感情の起源を「善悪の知識」と関連づける。知識の獲得とは社会性の獲得であるという著者の観察がここに込められていると見るのは誤りだろうか。

図像史料に描かれるイスラエル・ユダの人々の服装

古代の衣服は朽ちやすい自然素材で作られていたため、出土資料は少ない。しかし同時代の図像資料が古代パレスチナ住人の服装について情報を伝えてくれる。紀元前九世紀から紀元前七世紀に至るまで、シリアやパレスチナに対して大きな影響力を持っていたアッシリア帝国は、北イスラエル王国や南ユダ王国の人々の姿を、アッシリア王の業績を誇示する碑文や、彼らの王宮の壁面を飾る浮彫に

いずれもシャルマネセル三世の黒のオベリスク（大英博物館蔵、筆者撮影）

残している。

紀元前八四一年頃、北イスラエル王国で王位を簒奪したイエフ（列王記下9―10章参照）は、アッシリアに貢納した。当時のアッシリア王シャルマネセル三世が残した「黒のオベリスク」には、イエフが送った使節団の姿が描かれている。

前頁上の写真に描写された場面には六名の人物がいるが、左から三番目の人物がアッシリア王シャルマネセル三世である。その右側、王の足下にひざまずいているのがイエフの使節団の代表と思われる。この場面のすぐ下にあるキャプションには楔形文字で「イエフの貢物」とあるが、イエフ自身がシャルマネセル三世に会ったかどうかはわからない。しかし黒のオベリスクが、当時アッシリアの影響力が及んだ東西の果ての王からの貢物に言及していることから、この場面はアッシリア王の偉大さを強調する役割を果たしていると考えられる。また、イエフによる王位簒奪までの北イスラエル王国がアッシリアの敵であったことをも考え合わせれば、ようやくアッシリアの軍門に降った北イスラエル王自身が偉大なアッシリア王に跪拝している場面と考えてよかろう。

前頁下の写真では、五人の人物が左方向に歩く様を描いている。彼らが貢物を携えてやって来た北イスラエル王国の人々である。これらの人物の服装に着目すると、皆同様の出で立ちをしていることがわかる。中折れ帽子を被り、縁飾の施された膝下まで伸びる長衣をまとい、つま先がやや上方に反り返った靴を履いている。頬ひげ、顎ひげ、口ひげとも全部つながっているのも共通している。

アッシリアの浮彫は、個々の民族を極めてステレオタイプに描き分けるため、現実に皆がここまで同じような姿をしていたかどうかは定かではない。しかし、当時のアッシリアの人々にとって、典型

センナケリブの宮殿浮彫（大英博物館蔵、筆者撮影）

的なイスラエルの人々とはこのような姿だったのだろう。

次に南ユダ王国の人々を見てみよう。アッシリア王センナケリブは、南ユダ王国の町ラキシュを攻囲した様子を宮殿の浮彫に残している。この出来事は列王記下18章13―14節からもうかがうことができる。黒色オベリスクとは対照的に、こちらの浮彫には一般の人々の姿も描かれている。本頁の写真の浮彫は、アッシリア軍の猛攻によって陥落したラキシュの町から、捕虜となった人々が連行されていく様子を描くものである。

画面のほぼ中央には、車に家財道具らしいものを載せ、それを曳く二頭の牛を鞭打つ男性がいる。特徴的なのは男性の帽子である。北イスラエル王国使節団員の中折れ帽子とは異なり、耳から顎下にかけて垂れ下がる耳覆いのようなものが見える。下部に房飾りもしくは装飾の見えるこの耳覆いは、南ユダ王国の兵士の帽子あるいは兜にも見えるため、南ユダの男性のエスニックマーカーとして認識されたのであろう。

　牛が曳く車には二人の人物が乗っている。前方に女性が、そして彼女に後ろからつかまっているのはあばら骨の浮き出た男児である。男児は裸かもしれない。女性は頭覆いを被っており、この覆いは女性が身につけている長い衣と下でつながっているように見える。男性の前方にも四人の女性がいるが、同じ装いをしている。この四人のうち、後方の二人は女児であろうか。いずれも装身具などを認めることができず、極めて簡素な服装をしていることがわかる。

出土した装身具

　しかし、古代の人々は身を飾らなかったわけではない。出エジプト記35章22節に「男も女も次々と、心から進んで献げる人は皆、襟飾り、耳輪、指輪、首飾り、すべての金の祭具を携えてやって来た。彼らは皆、金を奉納物として主に差し出した」とあることから、訳語の適切さはさておき、様々な装身具が用いられていたことがうかがえる。

　こうした装身具のうち、日本の調査団が発掘をしている下ガリラヤ地方の遺跡テル・レヘシュから出土したものを紹介しよう。次頁の写真の装身具は「フィブラ」と呼ばれる上衣の留め金である。現代のブローチに相当する。青銅製のこのフィブラは幅四センチメートルと小ぶりで、ビバンダム（ミシュランマン）の右腕を曲げたような格好をしているのがわかる。本来は腕の付け根部分から左方の掌に向けて針があり、手の指にひっかけてピンとしての役割を果たしていたはずだが、この針は現存

テル・レヘシュ出土のフィブラ（テル・レヘシュ・プロジェクト提供）

していない。

このフィブラの型式を分析した古代オリエント博物館の津本英利は、これを紀元前七世紀のアッシリア帝国末期のものと年代付ける。同型式のフィブラは当時アッシリア帝国の支配下にあった地域に相当する西アジアの広範囲で出土しており、メソポタミアの人々が持ち込んだものと推測されている。

またテル・レヘシュからは、首飾りの一部として使われていたビーズや、黄金のイヤリングも出土している。発掘では、化粧に用いられていたと考えられる、骨を加工して作ったスパチュラ（へら）が出土することもある。古代エジプトでは眼病を防ぐために目の周りに鉛を含むアイシャドウを塗っていたことが近年の研究で明らかにされている。古代のパレスチナにおいても、男女を問わず同様のアイシャドウが用いられていたのかもしれない。

装いの自由

旧約聖書ははっきりと異性装を禁じる。申命記22章5節には「女は男の服を身にまとってはならない。男も女の服を着てはならない。こうしたことをする者をすべて、あなたの神、主は忌み嫌われる」と記されている。同時に聖書は入れ墨をも禁じている（レビ記19章28節）。ただし、その具体的な理由は示されない。もし実際に異性装が禁止されていたのであれば、心の性と身体の性とが異なる人々にはさぞかし暮らしにくかったことだろう。そうは言っても、現代でさえこうした状況は少しばかりましになっただけなのかもしれない。

旧約聖書の律法に基づいて生活を律しようとする厳格な人々は、現代においてもこうした禁令を守ろうとするかもしれない。しかし、旧約聖書が記す律法の中には現代において共有されている価値観に必ずしも適合しないものも多い。神が禁止しているからと言って異性装や入れ墨を禁じることは、個人の自由を束縛することになりはしないか。違和感を、あるいは嫌悪感を抱きつつ、心の性とは異なる衣服を着て生活しなければならない辛さや葛藤は想像を絶する。聖書学の成果は、旧約聖書が社会の変化に応じて柔軟にアップデートされてきた書物であることを示している。学校の制服制度同様、旧約聖書の律法も現代の視点から眺め、再考されねばならないのである。

6 パン

イエスはお答えになった。／「『人はパンだけで生きるものではなく／神の口から出る一つ一つの言葉によって生きる』と書いてある。」

（マタイによる福音書4章4節）

穀物の喜び

筆者は無類なパン好きである。とりわけドイツ系のパンなど歯ごたえのあるパンに目がない。思えば小さい頃より穀物が好きだった。粒のままでもいいが、それを一度挽いて捏ね、焼いたものがよい（ちなみに餡の入らない団子や餅にも目がない）。この種の食品の代表格がパンである。口に入れて噛みしめると、穀物の美味しさがじわっと口中に溢れ、それを呑み込むと文字通り身体が喜ぶのである。穀物の実りを感謝する祭りは多くの農耕社会で見られるが（聖書でもレビ記23章39節など）、天候に恵まれて十分な収穫を得た時の喜びには大いに共感する。

麺もいい。子どもの頃の大好物はラーメンであった。その頃我が家で外食と言えばラーメンで、めったにないそんな日をとても楽しみにしていたのを覚えている。当時は毎日ラーメンを食べても飽きない自信があった。特に筆者が好むのは麺のしこしこ感である。かん水の使い方がうまいのだろうか、あの歯ごたえにはラーメンの本場であるはずの中国でもなかなか出会えない。魚介ベースや豚骨ベース、鶏がらベースなど手間暇かけて作った様々なスープもまた素晴らしい。ヨーロッパやアメリカ、そして本場の中国でも現在空前絶後の日本ラーメンブームに沸いているが、それもむべなるかな、である。二一世紀初頭、筆者がイスラエルやドイツに留学していた頃は、スープに入った麺をすすって食べるという行為がヨーロッパなどではあまり受け入れられないように感じたが、今やそういう食べ方も含めてトレンドとなっているのである（すする音はあまり立てないようではあるが）。

穀物が好きというのは便利なもので、米やパンをはじめ、パスタ、そば、うどんなどの穀物製品はたいてい世界のどこに行っても食べられるから、旅行中も少なくとも炭水化物の摂取手段には事欠かない。こうして筆者は、いつの頃からか製粉にも関心を寄せるようになり、製粉と密接な関係を持つ石臼の研究などにも手を出すようになった。

パンと文明

生物が生きていくためには、エネルギー源が必要である。人間は通常それを口から摂取する。自然界に存在する動植物を食べることによって人間は生命を維持し、子孫を残してきた。人類が野生のムギと出会い、その栽培に成功したのが、今からおよそ一万二〇〇〇年前の西アジアとされる。狩猟や採集、漁労のみに依存する生活は、食糧を求めて土地から土地へと移動する形態をとりがちである。しかし農耕開始により食糧供給がある程度安定するようになると、人類は定住生活に移行した。穀物は長期保存がきく。収穫時に余剰分の穀物を貯蔵することによって、一年を通しての食料確保もより容易になったし、富の蓄積も進み、社会の階層化も進んでいったと考えられる。食糧供給が安定すると人口も増え、都市が誕生した。こうして人類の初期文明が興ったのである。

パンの歴史は農耕の開始よりも古い。ムギの外皮を石でつき、外す過程でムギの粉ができたようだ。ヨルダンの遺跡からは一万年以上前の炭化したパンが見つかっている。当初は野生のムギを粉にして捏ね、そのまま焼いていたため、今日のように膨らむパンではなかった。やがて捏ねたパン生地を放っておくと翌日には発酵することがわかり、それを当日捏ねた生地に混ぜてさらに発酵させてから焼くことで、より美味しく、膨らむパンを作ることに成功したと考えられている。

第四章でも紹介したが、メソポタミアで文明を築いたシュメール人はパンの食べ方を知らない人々を軽蔑していたようである。パン作りには製粉や発酵という複雑な過程があることから、パンを文明の産物であると捉えていたのかもしれない。

聖書とパン

パンはこのようにずいぶん古い時代から西アジアで食べられていた。そのため、パンと人との関わりは極めて深い。西アジアの人間の生活とパンとのそうした深い結びつきは、聖書の随所からもうかがえる。

神は自らが創造した人が善悪の知識の木から（実を）食べた後、彼に「あなたは土に帰るまで額に汗して糧を得る」と宣言する（創世記3章19節）。ここで聖書協会共同訳が「糧」と訳した語は「パン」を意味している。それまでは園のあらゆる木から自由に（その実を）取って食べてよいとされていたが、園から追い出された人は、自ら大地を耕し、その産物であるムギをパンにして食べる存在となった。つまり、人間は食糧生産をする存在となったということである。ここには人間の存在意義についての思想が垣間見える。同時に、パンが古代西アジア世界の人々にとってどれだけ身近かつ重要なものであったかがうかがえる。

こうした文化史的背景を踏まえると、本章冒頭のイエスの言葉は一層興味深い。このイエスの言葉は、ルカによる福音書ではさらに短い。

イエスは、「『人はパンだけで生きるものではない』と書いてある」とお答えになった。

（ルカによる福音書4章4節）

イエスはこの言葉を申命記8章から引用したと言われる。申命記では、モーセが荒野における四〇年の放浪の理由として、民に次のように語る。

あなたの神、主がこの四十年の間、荒れ野であなたを導いた、すべての道のりを思い起こしなさい。主はあなたを苦しめ、試み、あなたの心にあるもの、すなわちその戒めを守るかどうかを知ろうとされた。そしてあなたを苦しめ、飢えさせ、あなたもその先祖も知らなかったマナを食べさせられた。人はパンだけで生きるのではなく、人は主の口から出るすべての言葉によって生きるということを、あなたに知らせるためであった。

（申命記8章2―3節）

イエスは四〇日四〇夜の断食後に空腹を覚えた。そこで悪魔はイエスに、石をパンに変え（て食べ）るようにとそそのかすのだが、その時の悪魔に対する返答としてイエスはこの言葉を引用している。こうした発言の歴史的信憑性はさておき、悪魔でさえパンを食べ物の代名詞として挙げていることから、パンが西アジアの人間の食生活を象徴的に表す言葉であったことがわかる。「肉」でも「魚」でもないのである。現代の日本語で言えば、「飯」をコメの意でも食事の意でも使うのと似ている。

石臼

パン作りは製粉から始まる。製粉作業に臼は欠かせない。西アジアでは一対の上石（うわいし）と下石から成る石臼が広く用いられた。表面が滑らかな石は、石臼にあまり適さない。そうかと言って、下石の上面に上石が接した状態で動かすため、あまり凸凹していたのでは運動の妨げとなるし、上石と下石の間に隙間が空いてしまってそもそも粉が挽けない。製粉に最も適した石材は、やや小さめの穴の多い石、つまり多孔性の火山岩であった。

しかし理想的な石の産地は限定される。東地中海地域で石臼に適した火山岩を産する地域は、エーゲ海のニスュロス島など数えるほどしかなかった。パレスチナではガリラヤ地方とゴラン高原に集中している。そのため石臼は、古くは新石器時代からすでに海を越えて、つまり船舶に搭載されて交易された。臼に適した石をほとんど産出しないキプロス島の諸遺跡から見つかる石臼は、エーゲ海産のものやパレスチナ産のものなどほぼすべてが輸入品である。古い沈没船から多数の石臼が引き上げられる理由の一つは良好な石臼の希少性にあったのである。

サムソンと石臼

聖書の中で製粉活動に言及する最も有名な箇所はおそらく、囚われたサムソンが粉を挽く場面であろう。怪力を誇り、イスラエル人の敵ペリシテ人をさんざん悩ませた勇士サムソンは、こともあろうかペリシテ女性のデリラを愛するようになり、彼女に自分の怪力の秘密を漏らしてしまう。その秘密とは、生まれてから一度も剃刀を当てたことのない長い髪にあった。髪を剃られ力を失ったサムソンはペリシテ人の強襲に抵抗するすべもない。

> ペリシテ人は彼を捕まえ、両目をえぐり出して、ガザに連行し、青銅の鎖で縛り上げた。こうしてサムソンは、牢屋で粉を挽く者となった。
> （士師記16章21節）

この一文を読んだ読者諸賢は、どのような石臼を想像されるだろうか。画家たちはこの場面を様々に描いている。そのうちの

カール・ブロッホ『サムソンとペリシテ人』（1863年、コペンハーゲン国立美術館蔵）

サドルカーン（ダゴン・グレーン博物館蔵、筆者撮影）

ポンペイで出土した砂時計型の石臼

一枚をご覧いただきたい。髪の短いサムソンが上半身を傾け、体重をかけて力いっぱい押しているのは、石臼に取り付けられたレバー部分である。その石臼の上石はちょうど砂時計のような形をしているのが見える。上に穀物を入れて上石を回転させると、下から粉が出てくる仕組みである。

　サムソンが粉を挽く場面を描く絵画は多いが、筆者がこれまで目にしてきたものは大同小異あれどもすべて回転する石臼を使うサムソンを描いている。しかし、これは大きな誤りと言わざるを得ない。なぜなら、古代のパレスチナで使われたのは、ローマ時代に至るまで、上石を前後に往復させることによって粉を挽くタイプの石臼だったからである。この種の石臼は下石の形状が鞍（saddle）に似ていることから、「サドルカーン」と呼ばれる。

　ちなみにこの絵で使われているものと同じ石臼はヴェスヴィオ山の大噴火（七九年）によって地中

に埋もれたポンペイの町の発掘によって多数見つかった。回転運動を利用するこのタイプの石臼はローマ時代以降パレスチナでも広く用いられるようになるが、サムソンが活躍したとされる時代、また士師記が成立したとされる時代の遺跡からこうした石臼は一つも出土していない。つまりこうした絵画の描くサムソンの石臼は時代錯誤であり、譬えるならば江戸時代を舞台とする時代劇で主人公が煙管（きせる）ではなく電子タバコを咥えて一服するようなものなのである。

粉を挽くサムソンが表すもの

サムソンが使っていたのがサドルカーンであったならば、多くの絵画に描かれるサムソンとはだいぶ異なる彼のイメージが浮かび上がる。絵画が描くような大きな石臼を、人間ではなくロバが回転させている古代の図像資料も残っている。怪力を失い「並の人間のように」（士師記16章7、11、17節）なってしまったサムソンが、家畜が動かすような巨大な石臼を回させられるという描写は、サムソンの哀れな姿と共にペリシテ人の残酷な性格をも強調する。ここで嘲りの対象となっているのはサムソンが力を失ったことである。

他方、聖書の他の箇所はほとんど、石臼や粉挽きを女性と関連する文脈で言及している（出エジプト記11章5節、士師記9章53節、サムエル記下11章21節、イザヤ書47章1—2節）。エジプトなどで出土する古代の図像資料も、製粉作業に従事していたのが多くの場合女性であったことを示している。粉挽きが重労働であることに疑いはないが、前後運動によって粉を挽くタイプの石臼を用いる場合、ロバのような家畜が担わねばならないほどの力を必要としたわけではなかったであろう。これが当時の性

粉を挽く女（紀元前2420〜2323年、ギザ出土、ボストン美術館蔵、筆者撮影）

別による分業形態を反映しているとすれば、怪力を失ったサムソンは女性の仕事をさせられたことになる。怪力を失ってもなお力仕事を強要される元怪力の男ではなく、女に騙され力を失った結果、女のする仕事をさせられるかつての勇士の姿が浮かび上がるのではないだろうか。ペリシテ人が嘲るとするならば、女の仕事をさせられているサムソンの姿であって、彼が失った怪力ではないだろう。ここにはまた、聖書が記された当時の女性蔑視的な価値観も反映している。

石臼における技術革新

このように前後往復運動で粉を挽くタイプのサドルカーンは、パレスチナで約一万年間用いられていたが、やがて紀元前四世紀頃に突如として新たなタイプの石臼が現れた。新タイプも前後運動で製粉することに変わりはない。大きな違いは、上石のつくりにある。それまでの臼では下石の上に穀物を置いてから、その上に上石を重ねて粉を挽いていたのに対し、新型の上石には上部に漏斗となる穴が設けられた。わざわざ上石を取り除いて穀物を置かずとも、この漏斗に穀物を流し込めばどんどん製粉できる仕組みである。この仕組みによって、製粉効率が大幅に上がった。こうした石臼は、同じ型式のものがギリシアのオリュントスという都市の遺跡から大量に出土していることから、「オリュントス式石臼」と呼ばれることもある。

ローマ時代になると、西地中海地域で用いられていた回転型の小型石臼がパレスチナにも持ち込まれる。こちらも上石上部に穀物を入れる穴が設けられている。日本のそば粉やきな粉、抹茶を挽く石臼と同様の仕組みである。このタイプの石臼は、前後往復運動に比べて労力が圧倒的に小さくて済むことから、瞬く間にローマ帝国一帯に広まっていったようだ。

テル・レヘシュ出土オリュントス式石臼の上石（テル・レヘシュ・プロジェクト提供）

パン焼き窯

粉にし、捏ねて発酵させた後のパン生地は、最後に窯（かま）で焼く。古代のパレスチナでは、地面に粘土でゆるやかな円錐形の窯を作り、その壁にパン生地を貼り付け、中で燃料を燃やしてパンを焼いたようである。現在でもこの方法でパンを焼く地域がある。筆者も二〇年ほど前、北シリアのある村に発掘調査で二カ月ほど滞在した時にこうした窯で焼かれたパンをいただいた。西アジアのパンは「ピタ」とか「ホブズ」とか呼ばれる。薄く、中が空洞のパンだが、シリアでよく食べられているホブズはパレスチナのピタよりも薄く大きく、より小麦の風味がして（捏ねる時に混ぜるオリーヴ油の量が違うのかもしれない）、筆者の好みであった。

シリアでの発掘調査は、日の出前の早朝に宿を出て、日の出と共に作業を開始した。もはや正確には覚えていないが、朝八時か九時頃の朝食を挟み、午後二時頃まで作業して宿舎に帰って昼食、という日々だったと記憶している。毎朝宿から朝食として黒いビニル袋に入れて持っていくのがこのホブズ、キュウリ、トマト、ゆで卵、そしてツナ缶であった。自分で切った野菜や卵をホブズに載せ、くるくると巻いて食べるのである。素朴だがこれまた著者好みの味であった。

窯で焼かれるパン

筆者が現在参加するイスラエルの発掘調査では、日々の調査から帰ると、宿舎とするキブツの食堂でブッフェスタイルの昼食をいただく。たった二週間ほどの滞在なのに、毎日同じようなメニューで飽きる、とぼやくボランティアの若者（や一部のスタッフ）もいる。そう言われれば確かにそうなのだが、シリアの現場での朝食に比べれば、火を使った肉や魚が並び、毎日少しずつ選択肢が変わるキブツの食堂はさながら王家の食卓である。彼らをシリアの現場に連れていったら一体どんな不平をこぼすだろうか。

しかし残念ながらそんな心配も必要なさそうだ。シリアの政治情勢は未だ予断を許さず、日本の調査隊による発掘調査は当面難しそうだからである。かつて筆者が滞在していた地域も「イスラム国」（ＩＳ）の支配下に入ったと聞いている。当時発掘現場で一緒に汗を流し同じ窯のパンを食した村の人々の安否が気にかかる。彼の地に一刻も早く平安が訪れることを祈るばかりである。

7 オリーヴ

夕暮れ時に、鳩は彼のもとに帰って来た。すると、鳩はオリーブの若葉をくちばしにくわえていた。そこでノアは水が地上から引いたことを知った。

（創世記8章11節）

日本におけるオリーヴ

街でオリーヴの樹を目にする機会が増えてきた。筆者が勤務する大学近隣でも、店頭などにオリーヴの樹を置く店をいくつか見かける。それらの樹の中に実をつけているものはあまりない。最初に見かけた年には実がなっていたものの、翌年からは実がついていない樹が多い。オリーヴは自家受粉しにくいため、実をつけるためにはなるべく近くに別種の樹がある方がよいのだそうだ。また、六月初旬の開花時期に雨が降ると受粉しにくくなるなど、日本の気候では実を結ばせるのに少し苦労するようである。日本では特に小豆島でオリーヴの栽培が盛んなようだが、それは降水量の少ない瀬戸内海の気候とも関係があるらしい。

筆者は子どもの頃にオリーヴの実を食べた記憶はない。それが今や日本でも気軽に口にすることができるようになり、居酒屋や一般家庭の食卓でも見かけるようになった。日本の食生活の多様化・グローバル化がますます進展していることの表れだろう。バーに立ち寄れば、その多くではミックスナッツ、柿の種、そしてオリーヴの実の塩漬けが定番のつまみ御三家となっている。

日本で消費されるようになったのは実だけではない。オリーヴから採れる油も様々な家庭料理に使われるようになっている。いわゆるサラダ油よりも健康によいと言われるからか、昨今ではスーパーの店頭でオリーヴ油が占める割合が徐々に増えているように思われる。

地中海地域のオリーヴ

筆者が初めてオリーヴに親しむようになったのは今から二〇年以上前、シリアの発掘調査に参加した時のことである。車窓から埃が舞う外を眺め、乾燥した丘陵地にずらっと立ち並ぶオリーヴの樹々を目にした時の感動は忘れられない。オリーヴの実が実際になっているのも初めて見た。食卓にも当然、かなりの確率で姿を見せる。

オリーヴの原産地は地中海地方とされる。シリアでは日常の食卓にも数種類のオリーヴの塩漬けが並ぶ。サラダはもちろん、炒め物などにもオリーヴ油が使われる。その後も、旅行や調査で訪れたトルコやイスラエルでオリーヴに親しむ機会が増えた。イスラエル在住の山森みかによれば、その昔イスラエル独立戦争の頃は、オリーヴの実六、七個と鶏卵一個が交換されていたそうである。オリーヴはそれほど滋養に富むと考えられていたようだ。

その後イスラエルに住むようになった筆者は、日常生活でオリーヴに接する機会もさらに増えた。現在筆者が携わる発掘調査では、調査現場でいただく朝食に塩漬けオリーヴの缶または瓶が出るのだが、朝の一仕事後に身体が塩分を欲しがるのか、つい手を伸ばしていくつも食べてしまう。オリーヴの塩漬けと言っても様々な色や大きさのものがあることも知るようになった。筆者が好むのは小粒のやや苦味があるものであるが、イスラエル以外で食べた記憶がない。

筆者がイスラエルに住んでいた頃、知人の一人があるキブツに住んでいた。彼はそのキブツでオリーヴの収穫が終わって油を搾る時期になると、こちらが渡した一・五リットルのペットボトルにエクストラヴァージンオイルをいっぱいに満たして分けてくれた。こうしてもらった搾りたてのオリーヴ油はやはり風味が違うように思えた。

アレッポのオリーヴ石鹸

昨今ではオリーヴ石鹸も日本でポピュラーになった。筆者がシリアに行った時代、シリア北部最大の都市アレッポでは、周辺に広がる畑で収穫したオリーヴから作ったオリーヴ石鹸が名物だった。「スーク」と呼ばれる中東ならではの市場で、キロ単位で売られるオリーヴ色の石鹸は、当時日本への（安価で）よい土産物となった。同行した調査隊の隊長は「肌にいい」と、身体のみならず頭髪もオリーヴ石鹸で洗っておられた。近頃は日本でもパレスチナ産やイスラエル産のオリーヴ石鹸を目にする。特に後者はブランド化したらしく、日本各地で見かけるようになった。

イスラエルのオリーヴ

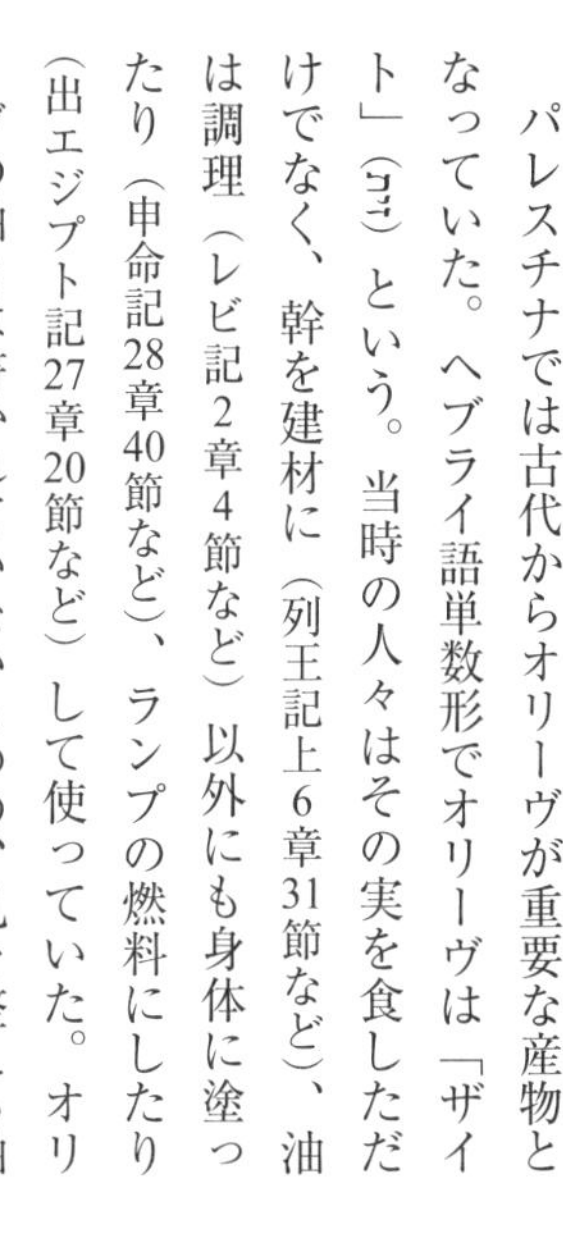

古代のオリーヴ

　パレスチナでは古代からオリーヴが重要な産物となっていた。ヘブライ語単数形でオリーヴは「ザイト」（זית）という。当時の人々はその実を食しただけでなく、幹を建材に（列王記上6章31節など）、油は調理（レビ記2章4節など）以外にも身体に塗ったり（申命記28章40節など）、ランプの燃料にしたり（出エジプト記27章20節など）して使っていた。オリーヴの油とは書かれていないものの、肌を整える油として（ルツ記3章3節）、また軟膏としても（イザヤ書1章6節）用いられたようである。またレビ記などの記述を見ると、オリーヴ油が様々な献げ物や儀式（レビ記14章、民数記7章など）に使われていたことがわかる。神への献げ物は当時の人々の食生活を反映していると考えられる。レビ記や民数記に規定される神への献げ物にオリーヴ油の登場頻度が高いことは、当時の人々の食生活にオリーヴ油が欠かせなかったことを示していよう。その油は「神と人とに誉れを与える」という記述もある（士師記9章9節）。

　イスラエルの人々が出エジプト後に獲得する土地がいかに恵まれているかを描写する場面においては、「オリーヴ油と蜜の取れる地」という表現が用いられている（申命記8章8節）。現代のパレスチナでは、特に丘陵地帯を中心にブドウ畑とオリーヴ畑が広がっているが、こうした土地利用のあり方は古代から続いていたに違いない。他の箇所でも人々の所有する畑として、ブドウ畑と共にオリーヴ畑が挙げられている（申命記6章11節）。今日でも現地を訪れるとこの二つの果樹園の組み合わせを目にすることができる。

油貿易

こうしてヒラムは、彼の望みどおり、杉の木材や糸杉の木材をソロモンに提供した。一方ソロモンはヒラムに対し、王家の食料として、小麦二万コル、オリーヴの実を砕いて採った油二十コルを提供した。このようにソロモンは、毎年、これらのものをヒラムに提供した。

（列王記上5章24―25節）

栄華を極めたソロモンは、エルサレムに神殿を建設するに当たってフェニキアのティルスの王ヒラムから技術面・物資面で援助を受けたという。ティルスは今日のレバノン南部の港市で、東側の背後には標高三〇〇〇メートル級のレバノン山脈がそびえている。地中海から吹く湿った西風がそこで雨を降らせることにより、かつてレバノン山脈はこの地域では他に類を見ないほど豊かな森林で覆われていた。そのためこの森林から伐り出された材木は、近隣諸国はおろか、遠くエジプトやメソポタミアにまで輸出され、宮殿や神殿など大型建築物の建材となっていたのである。

ここで注目したいのは、ソロモンがヒラムに送った二種類の返礼品の一つがオリーヴ油であったことである。このエピソードが数字も含め史実だと仮定し、一コルを約二三〇リットルとすると、二〇コルは四六〇〇リットルとなる。現在、一人当たりのオリーヴ油の消費量で世界一の座に君臨しているのはギリシアである。二〇一五年のデータによると、一人当たり年間二四リットル消費している。これに続くのがイタリアとスペインで、共に一四リットルほどである。西ヨーロッパの国ではおしなべて一リットル弱、昨今は日本が猛追しており、年間四〇〇ミリリットルの消費量である。今後、中国、日本、韓国といった東アジアでオリーヴ油の需要は高くなると見込まれるものの、世界全体での消費量は落ちており、食の多様化と共にかつて消費量が多かった国では逆に消費量が減ることが予想されている。古代においては、ランプの燃料をはじめ食用以外の利用方法もあったので現代のデータとそのまま比較するわけにはいかないが、当時のティルスで一人当たりのオリーヴ油の消費量が今日のギリシア並みだと仮定すれば一九〇人分、日本並みとすれば一万一五〇〇人分ものオリーヴ油をソロモンは毎年ヒラムに提供していたことになる。

テル・レヘシュの搾油施設

このように、オリーヴ油は古代地中海世界の主要な貿易品であった。筆者らが二〇〇六年から発掘調査しているイスラエルのテル・レヘシュでも、オリーヴ油に関連した遺構が出土している。これらの遺構は、地面を円形に掘り込み、内部側面には立てた石を並べ、底部には石を敷いた遺構である。直径は小さいものでも一・三メートル、大きいものは二メートルを超える。底面には傾斜がつけられており、最低部には石製のボウルが据えられていた。同様の遺構がこれまでの調査で六基見つかって

テル・レヘシュ出土のオリーヴ油搾油施設（テル・レヘシュ・プロジェクト提供）

いる（時代が新しいものを入れれば七基）。このボウルから多量に見つかった炭化したオリーヴの種子も、この遺構がオリーヴの搾油施設であった証左と考えられている。中に破砕したオリーヴの実を入れ、圧搾して油を採ったのであろう。いずれも後期青銅器時代から初期鉄器時代と呼ばれる、紀元前二千年紀の終わり頃に使われた遺構である。

これらの遺構を詳細に研究した小野塚拓造は、これほどの数のオリーヴ搾油施設が一遺跡から出土した事実は、従来家庭内で小規模に生産されていたオリーヴ油が、この時代に産業化していった様子を示すものと考えている。

その後もオリーヴ油産業はパレスチナで発展し、オリーヴ油はパレスチナの特産品の一つとなった。アッシリア帝国などにも貢物として納められていたと考えられている。

メシア

オリーヴ油が極めて重要な役割を演じたと思われる行為が聖書に言及されている。それは「油注ぎ」の行為である。実際にどのように油を注いだのかはわからないが、神から権威を授けられたことを示す象徴的行為として、祭司（出エジプト記28章41節など）や王（サムエル記上10章1節など）の任命に際して被任命者の頭に注がれたようである。

聖書は油注ぎに使われた油の正体を明らかにしない。しかしパレスチナの特産品であったことを考えれば、おそらくはオリーヴ油が用いられていたと考えてよい。ゼカリヤ書4章では、オリーヴの樹が油注がれた者を象徴するとある。これをオリーヴ油が油注ぎに使われた傍証と考えることもできる。

ヘブライ語で「油を注ぐ」ことを「マーシャハ」（משח）という動詞で表す。「マシアハ」（משיח）はその派生語で、「油注がれた者」を意味する。この言葉がギリシア語に入った時に音訳されて「メシア」となった。もともとは「王」の別称として使われていた「マシアハ」であったが、バビロニアによって南ユダ王国が滅びた後は、王国復活を願う人々によって将来王国を再建する人物を指す言葉となっていく。さらに異民族の厳しい支配下、ユダの人々への迫害が強まるにつれて、この言葉は「救世主」という意味を帯びていくようになった。イエスの時代はローマ帝国の圧政のもと、メシア待望論が最高潮に達していた。ご存じの通り「マシアハ」をギリシア語に翻訳したものが「クリストス」である。「イエスス・クリストス」とは「油注がれた者イエス」、すなわち「救い主イエス」を意味する。

ゲッセマネの園

オリーヴ山

エルサレム旧市街の東側にオリーヴ山と呼ばれる山がそびえている。標高は八二六メートルあり、頂上からは黄金のドームで有名なエルサレムの旧市街が一望できる。そのため、多くの観光客が訪れる場所であると共に、スリの被害が絶えない場所でもある。

そのオリーヴ山からエルサレムに向かって下っていくと、玉ねぎ型のドームを持った教会がある。ロシア正教のマグダラのマリア教会である。この教会の敷地内に「ゲッセマネの園」と呼ばれる場所がある。そこは古いオリーヴの果樹園で、今でも幹の太いオリーヴの古木を見ることができる。

伝承によればこの場所は、主の晩餐の後イエスが祈り、その後捕縛されたと福音書が語る「ゲッセマネ」だという（マタイによる福音書26章36―56節、マルコによる福音書14章32―50節、ルカによる福音書22章39―46節）。「ゲッセマネ」という語は、当時パレスチナで話されていたアラム語で「ガトシュマネ」がギリシア語に音訳されたもので、ヘブライ語では「ガト・シュマニーム」（גת שמנים）、すなわち「油の絞り場」を意味する語である。時代こそ違うが、テル・レヘシュのオリーヴ搾油施設がまさにそれに相当する。おそらくオリーヴ果樹園が周囲にあり、そこでオリーヴの搾油が活発に行われていたことに由来する地名だろう。

オリーヴの葉をくわえた鳩

本章冒頭に紹介した聖書箇所は、洪水が去ったかどうか調べるためにノアが方舟から放った鳩がノアのところに戻ってくる場面である。すでに第二章でも紹介したが、ノアの洪水物語は古代メソポタミアに伝わる洪水伝承の系譜に連なる。とりわけ古代メソポタミア文学の傑作『ギルガメシュ叙事詩』の「標準版」（ニネヴェのアッシリア帝国の図書館跡から出土）で語られる洪水物語と創世記の洪水物語との類似性はしばしば指摘されてきた。

鳩を放つノア（ヴェネツィア、サン・マルコ寺院のモザイク）

『ギルガメシュ叙事詩』における洪水物語でも、洪水が引いたかどうかを調べるために鳥が放たれる。創世記では最初に烏（からす）が放たれた。烏はノアのところに戻ってはこなかったものの、地上の水が乾くのを待ちながら出たり入ったりしたと語られている。次にノアが放ったのが鳩である。鳩は止まるところがなかったのでノアのもとに帰ってきた。するとノアは手を差し伸べて鳩を捕らえる。この場面からは、人間と鳩との親密な関係がうかがえよう。烏はなかなか人になつかないが、鳩は人によくなつく上、強い帰巣本能を備えているため、人間が飼う鳩は放しても鳩舎に戻ってくる。この性質を利用して伝書鳩が通信に使われるようになったのである。創世記の洪水物語はこの鳩の特徴をつぶさに描いている。そしてノアが二度目に放った鳩はくちばしにオリーヴの葉をくわえて戻ってきた。

他方『ギルガメシュ叙事詩』の洪水物語では、まず鳩を放ち、次に燕（つばめ）を放ち、最後に烏を放つ。燕も人の住まいの近くに巣を作ることから身近な鳥と捉えられていたのだろう。鳩も燕も船に戻ってくるが、そこでは人間とこれらの鳥との親しい関係は描かれない。二つの物語は鳥を三度放した点では共通しているが、細部は大きく異なる。『ギルガメシュ叙事詩』の洪水物語では、烏が戻ってこなかったことで洪水が引いたことがわかったとある。他方ノアは鳩が戻ってきたことで洪水の終わりを知った。

オリーヴの葉をくわえて戻ってきた鳩を見てノアが洪水の終わりを知るこの場面は、実にドラマチックである。仮にノアの洪水物語の作者が『ギルガメシュ叙事詩』の洪水物語を知っており、それをもとにノアの洪水物語を書いたとすれば、その優れた脚色の手腕に脱帽せざるを得ない。時の流れと共に、鳩が新たな世界の訪れを告げるこの場面からインスピレーションを受け、鳩がオリーヴの葉をくわえた姿が平和の訪れの象徴として描かれるようになった。ただし、創世記に鳩の色は書かれていない。平和の象徴として描かれる鳩の多くがなぜ白いのか、美術史的にも面白い研究テーマとなりそうである。

8 碑文

翌朝早く、サムエルが起きて、サウルに会いに行こうとすると、「サウルはカルメルに行って、自分のために戦勝碑を建て、そこから引き返してギルガルに下った」との知らせがあった。

（サムエル記上15章12節）

「歴史はシュメールに始まる」

今からずいぶん昔に生きていた人々の名前や彼らが行ったことなど、様々な出来事を私たちが知ることができるのは、文字の存在に依る。「歴史はシュメールに始まる」とは著名なシュメール学者S・N・クレーマーの著書のタイトルだが、シュメール人たちが史上最古の文字を発明した結果、古代について私たちが得られる情報が爆発的に増えたのであるから、まさに言い得て妙と言えよう。文字が出現する前の時代を先史時代、出現して以後の時代を歴史時代と呼ぶのも同じ理由である。

聖書に記された出来事のほとんどもまた、文字がなければまず知られることがなかったであろう。文字がなければ、聖書も存在しない。したがってモーセもダビデも、ひょっとするとイエスの名も私たちは知らなかったかもしれない。

しかし文字で記されていることのすべてが実際に起こったわけではないのは、小説が基本的にフィクションであることを思い浮かべればすぐに理解できよう。聖書に記された出来事も実際に起こったかどうか判断するのは難しい。とりわけ実際に起こってから長い年月を経てその出来事が記述された場合、その史実性を実証するのは困難となる。

それでも長い間、聖書に記された出来事は実際に起こったのだと信じられてきた。これは特にヨーロッパでキリスト教が政治と結びついた結果、聖書が「権威ある」書物となり、その記述を疑うことがタブー視されてきたからにほかならない。

一九世紀以降、西アジア各地に欧米各国が進出し発掘調査が進められると、聖書に記された出来事や人物に言及する史料が発見され、解読されるようになった。私たちが「碑文」と総称するものである。これらの碑文は、聖書の出来事が生じたのと同じ時代に記された「同時代史料」として貴重な情報を私たちに提供してくれる。本章ではそれら碑文の一部を紹介しよう。

「イスラエル」に言及する最古の碑文

「イスラエル」と呼ばれる人々は一体いつから存在するのか。創世記によれば、アブラハムの孫ヤコブがイスラエルと改名し、その一二人の息子たちがイスラエル一二部族の祖先になったという。ヤコブと息子たちは飢饉を逃れてエジプトに移住したが、やがてファラオに抑圧されるとモーセの指揮のもとエジプトを脱出する。そして四〇年の放浪の後にヨシュアに率いられてパレスチナに侵入し、そこにいた先住民を征服して定着した、というのが聖書の説明する「歴史」である。しかしこうした記述の史実性については、一九七〇年代以降疑問が差し挟まれるようになってきた。

メルネプタハ碑文（カイロ考古学博物館蔵）

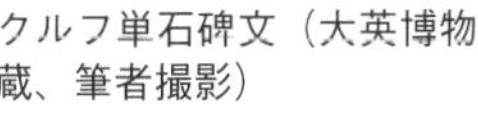

クルフ単石碑文（大英博物館蔵、筆者撮影）

「イスラエル」に言及する最古の同時代史料は、紀元前一二〇〇年頃にエジプトのメルネプタハというファラオが外敵に勝利したことを記念して作成させた碑文である。そこには、パレスチナ中央丘陵地域の辺りに「イスラエル」という人々の集団が存在していたことが記されている。つまり紀元前一二〇〇年頃までには「イスラエル」と呼ばれる集団がパレスチナにいたことが確認できるのである。しかしこの史料から言えるのはそこまでで、イスラエルがいつどのように出現したのかについては未だ謎が多い。

アッシリアとの遭遇

それからおよそ三五〇年間、イスラエルについて言及する同時代史料の空白期間がある。次の史料はアッシリアの王碑文である。アッシリアの王シャルマネセル三世は紀元前八五三年、勢力拡大を狙ってユーフラテス川を西に越え、シリアに侵攻する。そこでシャルマネセルが遭遇したのはシリアやパレスチナなどの小王国連合軍であった。

この戦いを伝えるクルフ単石碑文には、連合軍の構成国リストが掲載されており、その三番目にアハブという人物が言及されている。連合軍中最大規模の戦車（二〇〇〇両）を動員した人物である。アハブは列王記上にイスラエルの王として登場する。アッシリア王の碑文に記された数字は誇張である可能性もあり鵜呑みにはできないものの、アハブがアッシリアと敵対していた可能性は高いと言えよう。しかし聖書はこの出来事を記載していない。古代の碑文の発見と解読によって手に入れることができるようになった、聖書に記されていない情報の一例である。

ダビデは実在したのか

ダビデはおそらく聖書で最も有名な人物の一人だが、彼が実在した証拠はない。近年、イスラエル北部の遺跡テル・ダンからアラム語の碑文が出土した（テル・ダン碑文）。碑文の作成者はイスラエルとユダの敵であったアラム・ダマスコの王と見られる。破損部分が大きく碑文の全容は不明であるが、その中に「私はダビデの家の王と戦い、殺した」という文言が見える。「〇〇の家」とはこの時代のヘブライ語やアッカド語などの表現で「〇〇王朝」を指すことから、南ユダ王国の王を戦争で打ち破った事件に言及しているものと思われる。

碑文の出土した層の年代や書体は、この碑文が紀元前九世紀後半に作成されたことを示している。列王記下８章28―29節に記載される、イスラエル王とユダ王がアラム王とラモト・ギレアドという場所で戦った出来事に対応すると考えられている。

厳密に言えば、「ダビデの家」に言及するこの碑文の発見によってダビデの実在性が証明されたわ

テル・ダン碑文（イスラエル博物館蔵、筆者撮影）

けではない。なぜならこの碑文はダビデ自身についてではなく、外国の王からダビデの子孫と目される王について言及しているだけだからである。ダビデの存在が直接的に証明されたわけではないが、この碑文は紀元前一〇〇〇年頃のダビデの時代からおよそ一五〇年後に起こった出来事であるから、当時ダビデの記憶が周辺地域に残っていた可能性は高い。そのため、この碑文をダビデの実在性の傍証と考える研究者は少なくない。

この碑文は「戦勝碑」であったものと思われる。古代の西アジアからは、王が戦いに勝利したことを記念する碑文が多く出土している。本章冒頭で紹介したサムエル記もサウルがこうした記念碑を建てたらしいことを伝えているが、ここで「戦勝碑」と訳されている原語は「手」を意味する「ヤド（יד）」であり、「碑」という意味で使われる箇所は非常に少ない。文脈から想像して「戦勝碑」と訳されているのである。

イスラエル王の姿

黒のオベリスク（大英博物館蔵、筆者撮影）

シャルマネセル三世との戦いからわずか後にオムリ王朝から王位を簒奪したイエフは（列王記下9―10章）、アッシリアの軍門に降り、紀元前八四一年にシャルマネセル三世に貢納した。すでに第五章でも紹介した、大英博物館にある黒のオベリスクには、シャルマネセル三世がこの時の様子を浮彫として描かせた場面がある。

中央左に立つのがアッシリア王シャルマネセルで、そのすぐ右に彼に跪拝する人物が見える。その下のキャプションには「オムリの子イエフ」と書かれている。このキャプションを見れば、跪拝する人物がイエフであると考えてよさそうなものだが、この人物はイエフが派遣した使節の代表者かもしれないため、イエフ自身であるかどうかははっきりしない。

イエフはオムリ王朝を倒した人物であるのに「オムリの子」と

書かれていることに疑問を持つ読者諸賢もおられるだろう。アッシリアは小王国の後継者の出自など重視していなかったのではないかと説明する研究者もいる。なお、イエフがアッシリアに貢物を納めたことについても聖書は何も記していない。

「私はメシャ」

列王記下3章4—5節は「モアブの王メシャは羊を飼っていて、イスラエルの王に十万匹の小羊と十万匹分の雄羊の毛を納めていた。しかしアハブが死ぬと、モアブの王はイスラエルの王に背いた」と記す。ヨルダンで一九世紀に発見されたモアブ語の碑文がこの箇所と関連することで有名である。

この碑文は「私はメシャ、ケモシュ・ガドの息子、モアブの王」で始まるため、通称「メシャ碑文」と呼ばれる。碑文の著者は列王記下に登場するメシャと同一人物であろう。碑文にはイスラエル王オムリの時代にイスラエルがモアブを圧迫していたこと、しかしメシャの時代になってイスラエルに支配されていた土地をメシャが回復したことなどが記述されている。

史実はどちらか

紀元前八世紀末にユダの王位に就いたヒゼキヤは、「父祖ダビデが行ったように、主の目に適う正しいことをことごとく行った」よい王として、聖書に言及される（列王記下18章3節）。この王の治世、アッシリア帝国の王センナケリブがユダの都エルサレムを攻囲した。しかしエルサレムは攻略されず、アッシリア軍は帰還していった。このアッシリア軍退却の背景について列王記は二つのエピソードを

メシャ碑文（ルーヴル美術館蔵、筆者撮影）

収録している。

一つ目のエピソードによれば、ヒゼキヤはアッシリア王に「私が間違っていました。どうか私のところから引き揚げてください。要求されることは何でもいたします」と懇願し、アッシリア王の課すところに従って莫大な財宝を与えた（列王記下18章13―16節）。

しかし、このエピソードのすぐ後に、二つ目の長いエピソードが続く（列王記下18章17節―19章35節）。そこでは、アッシリアの使者に挑発されたヒゼキヤが神殿で祈ると、その祈りに答える形で、アッシリアが退却するという預言が王にもたらされる。エピソードの最後はこう締めくくられている。「その夜、主の使いが現れ、アッシリアの陣営で十八万五千人を打ち殺した。人々が朝早く起きてみると、皆死体となっていた。アッシリアの王センナケリブは、そこをたって退却し、ニネベにとどまった」（列王記下19章35―36節）。

テイラー・プリズム（大英博物館蔵、筆者撮影）

同じ事件が、センナケリブがつくらせた「テイラー・プリズム」と呼ばれる六角柱型の碑文に記されている（その他に同様のプリズムが二つ発見されている）。抜粋してみよう。

ユダのヒゼキヤは私（センナケリブ）のくびきに屈しなかったので、彼の強力な四六の町と城壁のある要塞と周囲の無数の村々

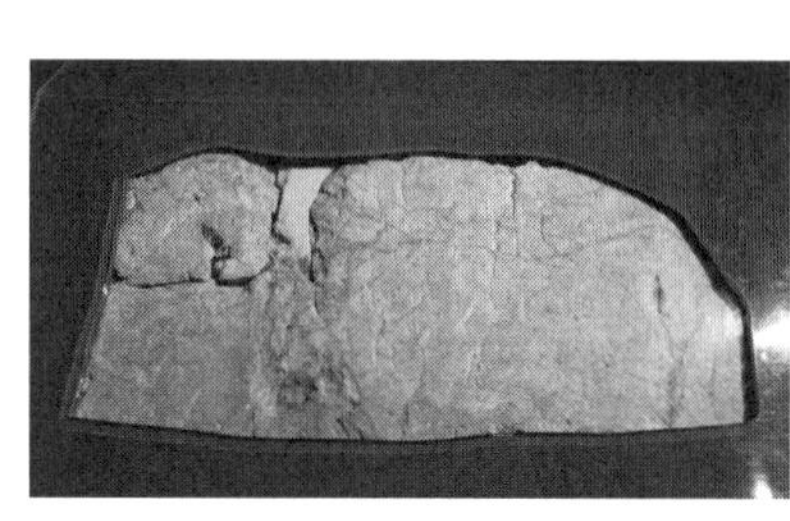

シロアム碑文（イスタンブール考古学博物館蔵、筆者撮影）

を攻囲し、（中略）征服した。私は二〇万五〇〇人の老若男女、おびただしい数の馬、ラバ、ロバ、ラクダ、大小の家畜を連れ出して略奪品とした。（ヒゼキヤ）自身を、私はエルサレムの宮廷の中に籠の中の鳥のように閉じ込めた。（中略）恐れを抱かせるほどの私の支配の荘厳さに圧倒されたヒゼキヤは、（中略）後に私の王都ニネヴェに三〇キカルの金と八〇〇キカルの銀（中略）などあらゆる宝物と、自分自身の娘たち、妻妾、男女の楽師たちを私に送った。（中略）私はユダの国土の大半を荒廃させ、横柄で誇り高いユダの王ヒゼキヤを服従させた。

テイラー・プリズムが語るエピソードは、列王記の最初のそれに近い。だからと言って、二つ目のエピソードをフィクションだと即座に断定することはできない。アッシリアの王碑文は、王の不名誉につながることを記さなかったかもしれないからである。いずれにしても、エルサレムが征服されなかったことと、ヒゼキヤが莫大な賠償金を支払わねばならなかったことの二点は聖書にも碑文にも記されていることから、歴史的信憑性は高いと言えよう。

アッシリア侵攻に備えて

エルサレムは標高七〇〇メートルに位置する。水場は限られ、古代の貴重な水供給源はエルサレム市外にあるギホンの泉であった。列王記下20章20節にはこのような記述がある。「ヒゼキヤの他の事績、すべての功績、貯水池と水路を造って都に水を引いたこと、それらは『ユダの王の歴代誌』に記されているとおりである」。

エルサレムには、ギホンの泉からシロアムの池を結ぶ全長五三三メートルに達するトンネルが存在する。一九世紀後半にこのトンネルから、トンネルの貫通を記念して刻まれたヘブライ語碑文が見つかった。多くの研究者はこの碑文をヒゼキヤの時代に記されたものと考えている。町が攻囲されたら、ギホンの泉に近づくのは難しい。水なしでは籠城戦は厳しいものとなる。ヒゼキヤは籠城戦を予期し、準備を万端に整えてから、それまでアッシリアに納めていた重い税の支払いをやめたのだろう。

ヘリオドロス碑文（イスラエル博物館蔵、筆者撮影）

神罰？

アケメネス朝ペルシア時代にバビロニアからエルサレムに帰還した人々は、「第二神殿」と呼ばれる神殿を建設した。ペルシアがマケドニアのアレクサンドロスに打ち破られ、さらにアレクサンドロスが没すると、エルサレムを含む地域はアレクサンドロスの後継者の一人が建国したセレウコス朝シリアの支配下に入る。

旧約聖書続編に収められているマカバイ記二は、セレウコス朝時代のエルサレムを描いている。近年テル・マレシャという遺跡で出土した碑文は、紀元前一七八年に作成されており、そこにはオリンピオドロスという人がコエレ・シリアと呼ばれたエルサレムを含む地域一帯の「監督官」としてセレウコス四世から任命されたことが記録されている。

この任命の内容はセレウコス四世からヘリオドロスなる人物に送られているのだが、このヘリオドロスはおそらくマカバイ記二3章に登場するヘリオドロスと同一人物であろう。その記述によれば、セレウコス四世の代官であったヘリオドロスはエルサレムの神殿の宝物を盗もうとするが、神の介入によってひどく打たれた。この碑文は神罰にこそ言及していないが、ヘリオドロスという人物が実在していたことを示している。

「ポンテオ・ピラトの時に」

読者諸賢は「ポンテオ・ピラト」という名前に聞き覚えがあるだろうか。カトリックや聖公会の礼拝で唱えるニカイア・コンスタンチノポリス信条で知っているという方もいるかもしれない。ピラトはローマ帝国のユダヤ属州の長官であり、イエスが十字架につけられた時その職にあったことが福音書に記されている（マルコによる福音書15章など）。

ピラトについては福音書以外にもユダヤやローマの歴史家の著作に言及があるが、同時代の碑文史料にはその記載が長らく見つかっていなかったため、かつては福音書の記述の史実性に疑いを差し挟む人々もいた。しかし一九六一年、地中海に面したカイサリアにおいて見つかった碑文に「ユダヤの長官／〔ポン〕ティウス・ピラトゥス」と記されていたことから、彼の実在が確実視されるようになった。

このように、西アジア各地で見つかった同時代の碑文史料は、聖書に記述された出来事の背景を照らすだけでなく、聖書に記述されなかったことについての情報ももたらしてくれる。今後も新たな史料の発見によって、これまで思いもよらなかった事実が明るみに出るかもしれないのである。

ピラトの碑文（イスラエル博物館蔵、筆者撮影）

9 紀年法と貨幣

イエスは言われた。「皇帝のものは皇帝に、神のものは神に返しなさい。」彼らは、イエスの答えに驚嘆した。
（マルコによる福音書12章17節）

西暦併記問題

遺跡は、しばしば公共交通機関では行くことがままならぬ場所にある。そのような遺跡における発掘調査に、自動車は欠かせない。日々重い機材も運ぶから、セダン型よりもバン型、欲を言えばピックアップ型が望ましい。筆者が参加する日本隊が現在調査しているテル・レヘシュも、公共の交通機関でたどり着くのが難しい遺跡の一つである。そのため、現地調査の際にはレンタカーを調達している。

日本で発行された免許を使ってイスラエルでレンタカーを借りるには、あらかじめ日本で国際免許を取得しておく必要がある。それを現地のレンタカーオフィスで日本の免許と一緒に提出するのである。

国際免許証は一年しか有効期間がない。しかも、発行可能な場所は普通の免許証よりもさらに限定されている。したがって調査のため現地で運転する予定がある人は毎年夏の渡航前に時間を捻出し、国際免許を取得しに行かねばならない。しかし日本国外に住んでいる場合、この方法をとることは難しい。そのたびに日本に帰国するのは厄介で費用もかかるし、いちいち代理人に頼むのも申し訳ない。

そこで筆者はイスラエルに留学している間、かの国の免許を取得してそれを使っていた。名前と生年月日が記されたイスラエルの免許証は、現地でちょっとした身分証明書としても使え、便利であった。そんなある日、留学仲間の韓国人から驚くべき事実を聞いた。彼らはエルサレムの教会での礼拝に通うため、週末ごとにレンタカーを借りていたのだが、国際免許を取ったことがないというのだ。聞けば、韓国の免許証で借りられるという。筆者がイスラエルの運転免許証を取得したことを話すと逆に驚かれた。

この情報を聞いた筆者は、自分の日本の免許証だけでレンタカーを借りられるか実験した。しかし結局イスラエルの免許証を見せる羽目になってしまった。借りられなかった最大の理由は、日本の免許証には西暦表示がないということである。漢字が読めて、かつ元号を西暦に換算することができなければ、有効期限がいつまでか理解しようがない。韓国の運転免許証はハングルで記載されてはいるものの、有効期限が西暦表示なのである。

日本の運転免許証も西暦を併記してくれさえすればそれで済む話なのに、と腹が立った。そのせいで筆者たちのように毎年海外で国際免許証を用いる人は金も時間も犠牲にしなければならない。国際免許証という制度は、日本経済にはわずかばかり貢献しこそすれ、それをしょっちゅう発行せねばならない一部の国民にとっては明らかに不便である。

令和への改元に伴い、運転免許証に西暦を併記することも決められた。筆者同様、免許証に西暦が記されていないことに不満を感じる声は決して小さくなかったようである。以後、西暦併記された日本の運転免許証を見せるだけで、イスラエルにおいてもレンタカーを借りることができるようになるのだろうか（韓国の運転免許証には Driver's License という文字も入っていることが後に判明した。日本の新免許証にはそれがないため運転免許証であることを証明することが難しいだろう）。

「時間」の所有者

元来、元号を用いることは「時間」を天皇の所有物と認めることだと筆者は認識している。むろん多くの人はそれほど意識せず、単に慣習として用いているだけかもしれない。慣習で用いられているという意味においては、イエス誕生と（誤って）想定された年を紀元元年としている西暦も同様である。

元号はもともと、中国皇帝の支配が及ぶ地域において、その支配権が空間のみならず時間にも及ぶことを示すために用いられた。それゆえ元号の変更は支配者のみの特権であった。元号を用いる人々は、皇帝の支配を認めていることになる。反対に別の元号を用いることによってその支配者の正統性への疑義を呈することもあった。ちなみに度量衡もかつては、支配者が定めた。

こうした時間統治権の考え方は、古代西アジア世界にもあった。出来事の起こった年を、王の即位から数える統治年で表したのである。本書ではすでにおなじみのアッシリア帝国でも、王碑文における出来事の記述に統治年方式がよく用いられた。王碑文（第八章参照）の中でもとりわけ「年代記」と呼ばれるジャンルにおいては、「○○王の××年」という表現によって出来事が年代順につづられる。アッシリアでは王が毎年活発に遠征を率いることが重要視されたため、遠征を行わなかった年があった場合、その事実を秘匿するため「年」という語の代わりに異なる語を用いるなど統治年記述上の工夫が凝らされることすらあった。

こうした即位年による年代記述は、商取引などを記した粘土板文書にも用いられている。今日同様、文書が公的なものであるためにはその文書作成の年代を誰もが理解できる形で示すことが必要であった。国内であれば、広く通用するのはやはり王の統治年方式だったのだろう。しかし統治年方式には絶対年代がすぐにわからないという弱点がある。現代日本の元号とも共通する問題である。問題解決のためには、誰がどのぐらいの期間統治したのかという記録を作成せねばならない。ちなみに明治時代に一世一元となってからの日本の元号は統治年方式とほぼ同義と考えてよい。

これとは別に「エポニム紀年法」と呼ばれる方法で文書の年代が記されることもあった。「エポニム（eponym）」というのは、アッシリアの官職名の一つである「リンム（limmu）／リーム（līmu）」の英訳である。この官職の任期が一年であり、連続再任がなかったことから、各年をその職にある人物の名で呼ぶことによって、特定の年を想起することが可能であった。粘土板文書などには「〇〇（人物名）の年」と記される。しかしこの方法だと、一体いつの年なのかがすぐにはわかりにくい。そのため、アッシリアではエポニムに就いた人物が年代順に並べられた「エポニム歴代記」や「エポニム表」というものが作成された。こうした表のアイデアは、日本の「西暦元号対照表」と共通する。文字による記録があってこそ存続できる紀年法と言えよう。

列王記における紀年法

列王記や歴代誌の記述にも、王の統治年方式が用いられている。一例を見てみよう。

レハブアム王の治世第五年に、エジプトの王シシャクがエルサレムに攻め上って来て、主の神殿の宝物および王宮の宝物を奪い取った。

(列王記上14章25―26節)

聖書における出来事にこうした紀年法が用いられていることは、これらの出来事が何らかの公文書に記されていたことを示しているのだろう。かつての北イスラエル王国の都サマリアから出土した「サマリア・オストラカ」にも王の「〇〇年」と記した、税に関する記録が残されていた。王の統治年方式がイスラエルで記録に用いられていた証左である。

興味深いことに列王記では、イスラエルの王とユダの王それぞれが即位した年を記すのに、相手の国の王の「第〇〇年」という表記が用いられている。例えば次の例をご覧いただきたい。

ネバトの子ヤロブアム王の治世第十八年に、アビヤムがユダの王となり、三年間エルサレムで統治した。

(列王記上15章1―2節)

こうした情報は、共時的な年代の楔(くさび)を与えてくれるため、両王国時代の歴史を考える上で非常に有用である。他方、たとえ同じ言語を話し、同じ神を崇拝する非常に密接な関係にある二国であっても、互いに独立している別々の国が、相手の国の王の統治年を参照して自国の王の即位年を公式に記録するということが実際にあり得たのかという疑問も生じる。類似した例は、アッシリアとバビロニアとの関係を描いた「共時史（synchronistic history）」に見られるが、そちらにおいては、「○○王の時代に」と大雑把な時代を表す表現が多く、列王記で用いられているような「○○王の××年に」というより正確を期した表現はほとんど見られない。

おそらく列王記の編集者は、この二国の歴史を「本来一つであるべき国」の歴史として示そうという意図のもと、互いの国の王の統治年を参照するような仕方をあえて採用したのだろう。

貨幣の中の統治者

貨幣は経済的価値のみならず、政治的重要性をも併せ持つ。貨幣の発行者は多くの場合統治者である。統治者は貨幣の重さや銀・金の割合を決めるだけでなく、やがてそこに自分の肖像を刻ませるようになった。誰がこの国を支配しているのか、誰が貨幣を発行しているのかを、日々貨幣を使う人々の頭に叩き込んだのである。紙幣もこの点同様である（ある国の紙幣すべてに、現在ではなくかつての統治者の肖像が描かれているのには驚いた）。

この伝統を受け継ぐイギリスの貨幣にはエリザベス女王の肖像が刻まれたものもある。支配者と言えど、年齢と共に容貌は変化する。英国貨幣はこうした女王の容貌変化も忠実に反映しているようだ。他方、日本で流通している貨幣には元号こそ用いられているものの、そこには天皇や為政者の顔はない。かつて神格化されていた天皇の肖像を不敬に扱うことがないようにという配慮だろうか。

さて、本章冒頭に挙げたイエスの返答は、次のような文脈で発せられたものである。

彼らは来て、イエスに言った。「先生、私たちは、あなたが真実な方で、誰をもはばからない方だと知っています。人に分け隔てをせず、真理に基づいて神の道を教えておられるからです。ところで、皇帝に税金を納めるのは許されているでしょうか、いないでしょうか。納めるべきでしょうか、納めてはならないのでしょうか。」イエスは、彼らの偽善を見抜いて言われた。「なぜ、私を試そうとするのか。デナリオン銀貨を持って来て見せなさい。」彼らがそれを持って来ると、イエスは、「これは、誰の肖像と銘か」と言われた。彼らが、「皇帝のものです」と言うと……

（マルコによる福音書12章14―16節）

この時イエスが放った言葉を耳にした人々はその機知に驚嘆したと描かれている。しかし仮にこのエピソードが史的イエスに遡るとしても、イエスはごく当たり前のことを述べたに過ぎない。すでに述べたように、統治者が自分の肖像を貨幣に刻ませた背景には、その貨幣が通用する時空間を自分が支配していることを被統治者に徹底的に覚えさせる意図があった。カエサルはローマ史上初めて、自らの顔を貨幣に刻ませた統治者であった。それまでは神々の姿や祖先の姿などが刻まれていたのである。カエサルは貨幣に、自らの肖像の他、神々のモチーフなどを意図的に配し、自分と神々との結びつきをアピールしたという。

「これは、誰の肖像と銘か」とイエスが貨幣を確認してから逆に質問したことは興味深い。当時のローマ帝国には、皇帝のモチーフが刻まれる以前に鋳造された貨幣も流通していたことだろう。仮にそこに描かれていたのがローマの神だったとしたら、イエスはなんと返答しただろうか。

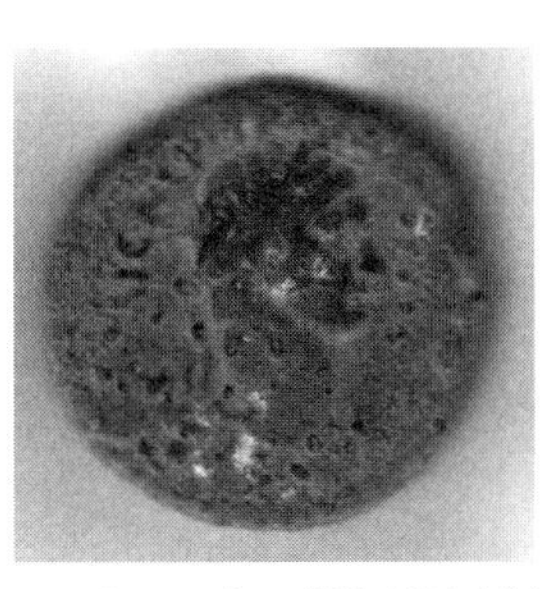
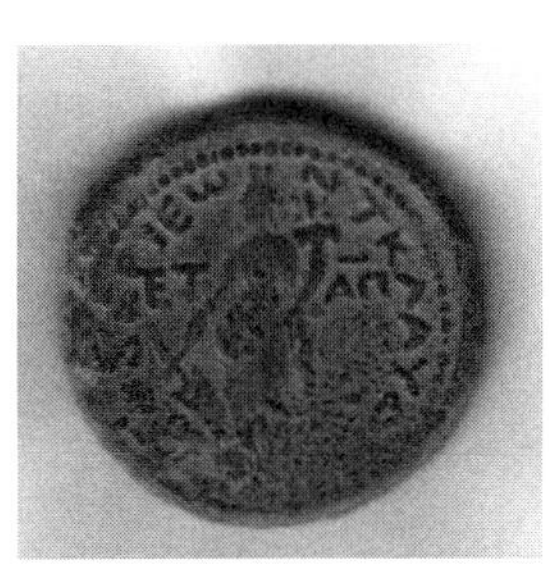

トラヤヌス帝の貨幣表面（左）、裏面（右）（共にテル・レヘシュ・プロジェクト提供）

ユダヤの貨幣

ローマ時代の貨幣が数枚、テル・レヘシュからも見つかっている。ここでそのうちの二つを紹介しよう。一つはローマ帝国最大の版図を築いたことで有名なトラヤヌス帝（位九八―一一七年）の貨幣である。表に右を向いたトラヤヌスの胸像が、裏に幸運の神テュケが描かれたこの貨幣は、ガリラヤ湖西岸の都市ティベリアスで打刻されたものである。裏面には西暦に直すと九九／一〇〇年に当たるギリシア文字の打刻年が見える。トラヤヌス統治のごく初期に作られた貨幣である。

もう一つの貨幣（次頁右）にも同様に右を向いた人物の胸像が見える。ただしトラヤヌスの貨幣と異なり、保存状態が悪くて銘はまったく判読できない。この人物には頬ひげがあるらしいのが見えるだろうか。頬ひげはトラヤヌスの後継者ハドリアヌス帝（位一一七―一三八年）以前の皇帝には見られなかった特徴である。テル・レヘシュから出土する他のローマ時代の遺物の年代との関連などから、

テル・レヘシュ出土、ハドリアヌス帝（?）の貨幣表面（テル・レヘシュ・プロジェクト提供）

テル・レヘシュ出土、ユダヤの貨幣表面（テル・レヘシュ・プロジェクト提供）

この貨幣に刻まれているのはおそらくハドリアヌス自身の姿ではないかと筆者は考えている。

　ユダヤ人の集落があったテル・レヘシュからは、ユダヤの貨幣も見つかっている。偶像崇拝を避けるユダヤ人は、ローマ帝国の貨幣とは異なり、統治者の像を貨幣に刻むことはなかった。テル・レヘシュから出土した一枚の貨幣（上左）には、植物のリースが描かれている。貨幣にリースのモチーフを用いた人物としては、ヘロデ大王の息子でガリラヤ地方の統治者であったヘロデ・アンティパス（位六―三九年頃）、その孫ヘロデ・アグリッパ二世（位五五―九五年）の二人が知られている。テル・レヘシュからはどちらの人物の貨幣が出土しても時代的に矛盾しない。

年代決定と貨幣

　鋳造年・打刻年のある多くの貨幣が同じ層から出土すると、その層の年代を決定するのに役立つことがある。例を挙げて考えてみよう。今から数百年後、日本のどこかで一軒の家の遺構が見つかったとする。その遺構から、昭和二七年、昭和四八年、昭和五四年、平成一三年の貨幣が出土したならば、その家が使われなくなったのは、これらの貨幣の中の一番新しいものの年、すなわち平成一三年より後だということになる。家から見つかるものは、基本的にその家が使われていた時代のものだからである（廃屋探検などで数十年後に訪れた人が貨幣を落とすということはあり得るだろうが、その場合もその家は一時的に「使われた」ことになる）。

仮に、その家が実際に放棄されたのが平成一四年だとしよう。もし、昭和二七年の貨幣一枚しか見つからなかったとするなら、そこから言えるのは、その家が昭和二七年以降に放棄されたということだけである。それでは実際の放棄の年と半世紀ほどもズレが生じてしまう。このように、たった一枚の貨幣からは参考程度の年代しか示せない。また、見つかったのが昭和二七年のギザあり一〇円玉複数枚だった場合、それらは骨董的価値などからずっと後の時代に収集された可能性も考えられる。収集物なら同じ場所から出てくる可能性が高いから、貨幣が遺構のどこからどのような状態で出土したかにも目配りが必要となる。

なお、見つかった貨幣からこの家がいつ建てられたのかを知ることはできない。仮に江戸時代後期に建てられた家であっても、たまたま昭和二七年より古い貨幣が見つからないということは十分あり得るからである。こうした理由から、貨幣が遺構の使用年代決定において果たし得る役割は限定的なものにとどまっている。

いずれにせよ、貨幣の元号表記は、年代計算をする上で厄介である。運転免許証と同様、日本の貨幣にも西暦が併記される日がくるのだろうか。ただ、この件で不満を感じている人間は、免許証の西暦表記欠如に不満を持っていた人間の数よりもはるかに少ないかもしれない。

10 エルサレム神殿

そこで私は、あなたのために荘厳な神殿
とこしえのあなたの住まいを建てました。
（列王記上8章13節）

再建されないエルサレム神殿

エルサレムには「神殿の丘」と呼ばれる場所がある。旧市街の東にあり、かつてソロモン王が神殿を築いたとされる場所である。本章冒頭に挙げた聖書箇所は、神殿を神に奉献した際のソロモンの台詞である。その神殿は紀元前六世紀、バビロニアによって破壊されその祭具も奪われたとされるが、アケメネス朝ペルシア時代にそこに帰還した人々によって同じ場所に再建されたという。ソロモンが建てた神殿に対し、こちらを「第二神殿」と呼び、この神殿が建っていた時代を「第二神殿時代」と呼ぶことがある。しかしその第二神殿も、ティトゥス率いるローマ軍によって七〇年に破壊された。

それ以来、その場所にユダヤ教の神殿が再び建てられることはなかった。七世紀にはイスラームを奉じるウマイヤ朝のカリフによってその場所に「岩のドーム」が建造され、そこはムスリムたちの聖地ともなった。この建物は十字軍時代には教会堂として使われたが、その後イスラーム勢力はこれをエルサレムもろとも奪還した。今日、岩のドームを含むこの場所のイスラーム建築複合物は「アル・

アクサ・モスク」と呼ばれ、イスラーム第三の聖地として崇敬されている。

他方、ユダヤ教徒は現在、このモスクの南西部を形成する壁（「嘆きの壁」）の前で、かつてその上にあった神殿に思いを馳せつつ祈りを献げる。ユダヤ教徒の中には、イスラエルがエルサレムを実効支配している今、そこにユダヤ教の第三神殿を建築すべきだと唱える人々もいると聞いたことがあるが、いたとしてもそれは極めて少数者の意見に過ぎない。

嘆きの壁と岩のドーム

ソロモン神殿

ところで、今から遡ること二〇余年、筆者が学部生の時に書いた卒業論文は、ソロモンが建てたとされる神殿の建築様式に関するものであった。その中では、とりわけ列王記上6章の記事を基礎情報として復元される神殿の建築プランと、発掘調査で明らかとなったシリアおよびパレスチナの同時代もしくはやや古い時代の神殿・聖所の建築プランとを比較した。

論文の結論は、ソロモン神殿の建築様式は当時のシリア・パレスチナ地域にあった神殿の建築様式とよく似ている、というものであった。類似例の筆頭は北シリアのテル・アイン・ダーラという遺跡から出土した神殿の建築様式である。何も取り立てて新しい独自の見解を述べたわけではなかったが、自分にとって初めて

テル・アイン・ダーラの神殿

の研究ということでよく覚えている。

列王記上6章2節によれば、神殿の大きさは「長さ六十アンマ、幅二十アンマ、高さ三十アンマ」であったという。一アンマを四五センチメートルとして計算すれば、全長二七メートル、全幅九メートル、全高一三・五メートルの直方体である。単純に計算すれば面積は二四三平方メートルになる。小さいと言われる日本のファミリータイプのマンションの面積（七〇～八〇平方メートル）に換算すれば、およそ三世帯分に相当する（もっとも高さがあるので、容積はそれをはるかに凌駕する）。ちなみに筆者が勤務する立教大学池袋キャンパスにはチャペル（立教大学諸聖徒礼拝堂）があるが、そちらは延床面積が五〇五平方メートルあるらしい。二階部分もあるチャペルとは単純に比較できないものの、それでもソロモンが建てたというエルサレムの神殿は国家随一の神殿としては小ぶりだったようである。

神殿は入口から最奥部まで「廊」（あるいは「前廊」）、「外陣」、「内陣」の三部構成で、その周りに「脇廊」が設けられていた。この三部構成がシリア・パレスチナ地域の伝統的な神殿建築様式とよく似ているのである。テル・アイン・ダーラの神殿には、三部構成に加えて脇廊部分も存在している。

こうした類似によって、列王記上に記されている神殿の情報が何らかの歴史的記録に遡ると断言してよいわけではない。しかしこうした建築様式についての情報が、バビロニア捕囚期にユダの人々が目にしたであろうバビロニアの神々の神殿様式より、むしろ紀元前一千年紀前半の近隣地域のそれらと似通っているということは、仮にソロモンが建てた神殿が実際には存在しなかったとしても、「あるべき」神殿のイメージがバビロニア捕囚よりも前に形成された可能性を指し示していると言えよう。

「神の家」

そもそも神殿はどのような場所として聖書に描かれているのだろうか。古代西アジア世界では、神殿は「神の家」と考えられていた。そこには神の像が置かれ、祭壇が設置されて様々な儀礼が執り行われていた。

日本語聖書で「神殿」と訳されているヘブライ語の多くは「ベイト・ヤハウェ」（בית יהוה）で、直訳すれば「ヤハウェの家」である。本章冒頭に紹介した神殿奉献時のソロモンの台詞においても、「あなた」という言葉は「ヤハウェ」を指している。この言葉からも神殿がヤハウェの「住まい」であったことがうかがえる。

聖書には、神の行動や感情をあたかも神が人間であるかのように表現する箇所が多くある。例えば創世記3章8節では、神は「園の中を歩き回る」存在として描かれている。

神を人間のような存在と捉える考え方を「人型神観」と呼ぶ（第二章も参照）。古代西アジアや古代ギリシアにおいては、神は超人的な存在ではあるものの人間と同じように感情があり、同じようにものを食べ、結婚も（恋愛も）する存在と考えられていたようだ（生まれる子どもも神である）。人間的な神々には当然住まいも必要となる。それが「神の家」すなわち神殿であった。

さらに神は神殿で献げられた犠牲の煙を食物とすると考えられていたようである。つまり犠牲には神々の食物としての役割があったことになる。聖書は事細かな献げ物の規定をしているが（例えば民数記28—29章など）、こうした種々の献げ物はもともと神の食物と考えられていたのである。

都であるエルサレムに神が住んでいることは、ユダ王国、とりわけその都に座す支配者にとって重要なことであった。列王記下23章8節によれば、紀元前七世紀のヨシヤ王の時代には、それまで王国内の各地にあった「高き所」（バーマー、במה）と呼ばれる宗教施設が廃止されたという（列王記下18章4節によれば、ヒゼキヤ王の時代にも同様の出来事があった）。国家による宗教的権威の一元化と見ることができよう。

神殿の機能の変化

しかしやがてバビロニア捕囚を経験した人々は、ヤハウェを単なる国家神の枠を超えた超越神と考えるようになる。すでに第一章でも触れたが、この神学思想史的過程を詳しく見てみよう。エルサレムの神殿はバビロニア軍によって破壊された。もはやそこで神のために犠牲を献げることはできない。この状況を神学的に説明するためには、神が地上の家などには住まない、という考え方が必要となる。そこで列王記はソロモンの台詞として次のように記す。

神は果たして地上に住まわれるでしょうか。天も、天の天も、あなたをお入れすることはできま

せん。まして私が建てたこの神殿などなおさらです。（列王記上8章27節）

王国時代において、都の神殿に国家神は住まない、と公言することなどおよそあろうはずがない。しかもこの内容は本章冒頭で紹介したソロモンの台詞の内容とも矛盾する。それゆえソロモンはさらに次のように言ってこの矛盾の解決を図るのである。

わが神、主よ。あなたの僕の祈りとその願いを顧みてください。今日、あなたの僕が御前に献げる嘆きと祈りを聞き入れてください。夜も昼も、この神殿に目を向けていてください。ここは、あなたが、「そこに私の名を置く」と仰せになった所です。あなたの僕がこの所に向かって献げる祈りを聞き入れてください。（列王記上8章28―29節）

ここで列王記は神殿を「神の住まい」から「祈りの家」に変更している。神殿に神が「目を向け」るのだから、神は神殿外に住んでいることが想定されている。そして神殿は神自身の住まいではなく、神がその「名を置く」場所と再規定されているのである。

これら一連の記述が書かれた時代はいつだろうか。列王記上8章46―49節は次のように記す。

人々はあなたに罪を犯し、あなたは怒ってその人たちを敵の手に渡されるでしょう。人々は敵の捕虜として遠く、あるいは近くの敵地へ連れて行かれるでしょう。しかし、（中略）捕らえられた敵の地で、（中略）あなたの名のために私が建てたこの神殿の方角に向かって祈るなら、あなたは住まいである天でその祈りと願いを聞き、その訴えに答えてください。

このくだりは、明らかにバビロニア捕囚を踏まえている。捕虜にされている国からエルサレムの神殿の方角に向かって献げられる祈りを神が聞き入れてくれるように、というのである。捕囚時代に神殿はなかったはずであるから、この部分は第二神殿時代に付加されたものと考えられる。

契約の箱

エルサレム神殿の一番奥、至聖所に収められていたのは、「契約の箱」（あるいは「主の箱」）であった。この契約の箱は出エジプト後に神と民が契約を結んだ際、民に与えられた掟が記された石板を入れるものであった（出エジプト記25章10―22節）。

箱は祭司たちに担がれて民がヨルダン川を渡る時に先頭を進み（ヨシュア記3章）、エリコという町を攻略する際は町を取り囲む市壁の周りを行進し（ヨシュア記6章）、そして次の記述に見えるように、敵との戦いにおいてイスラエル軍が窮地に立たされると陣中に持ち込まれる。

なぜ、主は今日、我々がペリシテ軍に打ち負かされるままにされたのか。主の契約の箱をシロから運んで来よう。そうすれば、主は我々のただ中に来られ、敵の手から救ってくださるであろう。

（サムエル記上4章3節）

アッシリアの浮彫に描かれる、戦車上方に取り付けられた嵐の神アダドの戦旗（大英博物館蔵、筆者撮影）

古代西アジアの人々は、自分たちの神も自分たちと共に戦うと考えた。アッシリアの浮彫にも、アッシリア軍の戦車が疾駆する場面で、戦車に取り付けられた神々の戦旗が描かれている。

こうした慣習には、戦いのさ中に神が自分たちと共にいることを兵士たちに物理的に感じさせ、彼らの士気を奮い起こそうという意図があったのかもしれない。契約の箱にもそういう側面があった。聖書は、自分たちの陣営に契約の箱が到着した時のイスラエル軍の様子を次のように描く。

主の契約の箱が陣営に到着すると、イスラエルの民はこぞって大歓声を上げげた。そのため地はどよめいた。

（サムエル記上4章5節）

契約の箱を持ち込むことによって戦いが有利に運ぶようにという願いは次の箇所にも如実に示されている。

主の箱が出発する度に、モーセはこう言った。「主よ、立ち上がってください。あなたの敵は散らされ／あなたを憎む者が御前から逃げ去りますように。」（民数記10章35節）

つまり、ここでは契約の箱こそヤハウェの臨在を象徴するものとして描かれているのである。ちなみにイスラエルの陣営に契約の箱が持ち込まれた先述の物語だが、結局イスラエル軍は大敗し、箱は敵のペリシテ人たちに奪われてしまった（その後自分たちの間で疫病が流行るなどしたペリシテ人は自ら箱をイスラエル人に返還する）。

イスラエルのティムナに復元された幕屋

幕屋

聖書によれば、ソロモンによってエルサレムに神殿が建設されるまで、契約の箱は「幕屋」と呼ばれる移動可能な構造物の中に置かれていた。幕屋はいわば大きなテントである。出エジプト記26章は、幕屋の組み立てに使われる建材やその寸法について詳しく記す。さらにそこには、そこで使われる祭具などの仕様についても細かな指示が載せられている。

しかし神殿建設に先立って実際に幕屋が存在していたかどうか、確かなことを知るすべはない。聖書は、幕屋が出エジプト後に用いられるようになり、イスラエルの民の荒野での放浪時代、ヨシュアによるカナン定着時代とその後の士師たちの時代を通して用いられていたとするが、今日の考古学は「イスラエル」の大部分がカナンの先住民に起源を持つ可能性を示している。そうであればソロモンによる神殿建築までは、いやそれ以後も、各都市に古くからあった神殿を用い続けたとしても不思議ではない。

第二神殿時代のエルサレムの模型（イスラエル博物館蔵）

ただし、エルやバアルといったカナンの伝統的な神々に対し、ヤハウェ自体はカナンの土地からすれば「外来の」神であったらしい。やがてヤハウェが国家神とみなされるようになり、そのための神殿が建設されるようになるまでは、その移行措置として移動可能な「聖所」が設けられたという可能性もあながち否定できない。

そうであるとしても、幕屋とその備品の事細かな描写や指示は、もっとずっと後の時代の、おそらくはアケメネス朝時代に建設された第二神殿時代の神殿や祭具等をモデルに描かれていると考えてよいだろう。こうした記述には、当時神殿で使っていた祭具がいかに由緒正しいものであるかということや、そして何よりもそれらが神の指示に従って作成されていることを強調する意図があったのでは

ティトゥスの凱旋門に描かれるエルサレム神殿からの略奪品（筆者撮影）

なかろうか。

第二神殿の最期

アケメネス朝ペルシア時代に再建された第二神殿が大規模に拡張されたのは、ヘロデ大王の時代である。ヘロデはペルシア時代に建設された神殿そのものには手を加えず、その外部に拡張工事を集中させた。伝統的神殿建築の内部に手を加えないことによって、ヘロデはユダヤ人の感情に配慮したようである。その建築は、ヘレニズム・ローマの建築様式を伝統的なエルサレム神殿に取り入れたもので、できあがった神殿の美しさは多くのユダヤ人の誇りとなった。

福音書はイエスがこのエルサレムの神殿で活動し、またその崩壊を予告したことを記している（マルコによる福音書13章1―2節など）。イエスの時代、すでにヘロデはこの世にいなかったが、彼が着手した神殿拡張工事は依然として続いていた。

神殿が完成したのは、着工からほぼ一〇〇年後であったという。

六六年、ローマ帝国の属州ユダヤにおいてユダヤ人の大規模な反乱が勃発する。ローマ帝国はこの鎮圧に乗り出し、本章冒頭で述べたようにやがてティトゥスがそれに成功する。ティトゥスは神殿の破壊を命じる際に嘆いたと伝えられている。

この時に神殿から略奪された祭具はローマに戦利品として持ち帰られたのだろう。ローマに現存するティトゥスの凱旋門には、ローマの兵士たちが「メノラー」と呼ばれる燭台（この燭台については出エジプト記25章31―36節参照）をはじめとした第二神殿の様々な祭具を運ぶ姿が浮彫として描かれている。

神殿の破壊は、結果としてユダヤ教にとって大きな転機となった。神殿が破壊されたために神殿で儀礼を行うことが不可能となったのである。こうしてユダヤ教は書物の宗教となり、逆に土地に縛られることのない、「持ち運び可能な」宗教となったと言われる（第一章も参照）。正典を定めたユダヤ教は、エルサレムから遠く離れた場所においても実践可能な教えを守る宗教となり、世界各地に散りながら、その後の長い年月を生き抜いてきたのである。

11 会堂

イエスは言われた。「近くのほかの町や村へ行こう。そこでも、私は宣教する。私はそのために出て来たのである。」そして、ガリラヤ中の会堂に行き、宣教し、悪霊を追い出された。
（マルコによる福音書1章38―39節）

会堂のはじまり

「シナゴーグ」とも呼ばれる「会堂」は、ユダヤ教の宗教生活の重要な一翼を担っている。安息日にエルサレムの「グレート・シナゴーグ」に足を伸ばせば、そこには多くのユダヤ人が集まり、建物全体が活気に溢れている。しかしいつ頃から会堂が存在し、どのような経緯で建てられるようになったのか、その起源については不明なところが多い。碑文史料によれば、エルサレムの神殿から遠く離れた場所に共同体を形成していたいわゆる「ディアスポラ」（離散）のユダヤ人たちは、すでに紀元前三世紀には会堂を築いていたらしい。

他方、エルサレム神殿を擁していたパレスチナにおける会堂の歴史は、ディアスポラのそれよりも新しい。これまでパレスチナで見つかっている最古の会堂跡は紀元前後のものであるが、これより古い時代から会堂が建設されていた可能性は否定できない。

「会堂」と訳されるヘブライ語は「ベイト・クネセト」（בית כנסת）で、直訳するならば「集まる家」すなわち「集会の家」である。人々が集まる場所として、最初から公共の建物として建設されたのが会堂であった。

文献史料から浮かび上がる初期の会堂の機能は多岐にわたる。公の建物たる会堂の機能は、世俗的領域と宗教的領域の両方をカバーするものであった。初期の会堂は律法を中心とした教育や祈りを含む礼拝の場でもあり、また集まった人々が会話し、情報を交換する場所でもあった。離婚や裁判など、共同体全体もしくは共同体の複数の成員が関わる事柄もそこで決定されたようである。

筆者が育った地域には、いわゆる「町内会」ごとに「公会堂」というものがあった。その建物を中心として、「こども会」や「寄合」と称する組織などが活動していた。前者は子どものための年中行事等を行っており、夏に参加した（まったく怖くない）肝試しは今でも記憶に残っている。後者は葬祭等を含む地域の様々な社会活動を担う組織だったと記憶している。公会堂の持つこれらの機能は、会堂のそれと一部重なっているように思える。ちなみに町内会の公会堂が持つ重要な役割の一つはそこで調理して人々が共に食べることであったが、ユダヤ教の会堂において飲食は固く禁じられていたようである。

神殿から会堂へ

前章では、エルサレムに建設された神殿について記した。エルサレムのヤハウェ神殿は最初にソロモンが建設したとされる。バビロニアによってその神殿が破壊された後、エルサレムへの帰還民によってアケメネス朝ペルシア時代に神殿が再び建てられた。こちらを「第二神殿」と呼ぶ。この第二神殿がローマ軍によって破壊されたのが七〇年である。会堂は、まだ神殿があった頃からすでにパレスチナ各地に存在していたと思われるが、神殿喪失によってその機能は大幅に変化した。

前章の繰り返しとなるが、神殿を失ったことにより、ユダヤ教はますます「書物の宗教」としての色合いを強めていった。「書物」すなわち「聖書」があれば、神殿がなくなり、そこでの祭儀が不可能となっても律法を実践できる。ユダヤ教はそうした「持ち運び可能な」宗教へと変貌していったのである。

祭儀の場を失ったユダヤ教は、これ以後、各地に散らばる会堂をそれぞれの地域共同体における礼拝の中心としていく。それまでの会堂の機能は、あくまでエルサレム神殿の機能を補完するものに過ぎなかった。エルサレムから遠く離れた地域に住んでいたユダヤ人に求められていたのは、過越祭、七週祭、仮庵祭という年に三度の祭りの時にエルサレム神殿に詣でることであったが（出エジプト記23章14節）、律法が生活の中で重要な地位を占めるようになると、生活の中でどのように律法を実践していくのかについて日常的に学習する必要がでてきた。遠いエルサレム神殿まではなかなか足を運べない状況下、地方の会堂は律法の学習・教育の場所としての役割を担っていたようである。

エルサレム神殿破壊までに建設された会堂には、特定の方角を向いて建てられているものはない。しかし神殿破壊以降に新設された会堂の入り口はすべてエルサレムの方角を向いている。

前章で「あなたの名のために私が建てたこの神殿の方角に向かって祈るなら、あなたは住まいである天でその祈りと願いを聞き、その訴えに答えてください」（列王記上8章48―49節）というソロモンによる神殿奉献時の祈りを参照した。神殿の方角に向かって献げられる祈りを聞き届けてほしい、というこの列王記の記述が、七〇年に神殿を失った後に再び重要性を帯び、その結果、入り口をエルサレムの方角に向けて会堂が建てられるようになったのではないだろうか。

ガリラヤの会堂

本章冒頭で引用した聖書箇所によれば、イエスの宣教は主として会堂で行われたようである。ガリラヤのナザレ出身のイエスが活動したのは、同箇所にもはっきりと書かれているように主にガリラヤ地方であったと考えてよい。

ところが近年に至るまで、イエスが活動していたはずの時代、すなわち一世紀前半の時代に遡る会堂跡は、ガリラヤ地方からは一つも見つかっていなかった。そのためイエスが会堂で宣教したという記述の史実性を疑問視する研究者すら現れた。こうした記述には神殿破壊後にガリラヤで会堂が多数建設された状況が投影されているだけではないか、というのである。

しかし二〇〇九年、ガリラヤ湖北西岸のリゾートホテル建設予定地で建設前に行われた緊急発掘により、紀元前後に遡ると思われる立派な会堂が発見されたのである。この遺跡はマグダラのマリアの故郷の町で、聖書が「マグダラ」と呼ぶ「ミグダル」という場所にある。

面積およそ一二〇平方メートルの方形をしたその会堂は、一段低くなった、やはり方形の中心空間を二段に積まれた切石のベンチが四方から取り囲む構造をしている。四隅のうち三つからは、屋根を支える柱の礎石が見つかった。ベンチをさらに外側から囲うのが回廊部分で、ここからはモザイクの

マグダラの会堂

マグダラの会堂出土、装飾の施された石

施された床が見つかっている。残っていた壁の一部からはフレスコ画の断片も見つかっており、この会堂が立派な建物であったことをうかがわせる。

建物の中央部分からは、七枝の燭台（メノラー）の図案等が配された大きな石も見つかった。燭台を挟むようにして、両側に把手のある壺と、柱が刻まれている。この石が会堂内で果たしていた役割は明確でないものの、そこに施された図案は明らかにユダヤ教と関係している。特に七枝の燭台は当時エルサレムの神殿に立っていたもので、神殿がローマ軍によって破壊された時にローマ兵によって略奪されたことは、前章で紹介した（ティトゥスの凱旋門の写真を参照）。

この会堂の発見により、ガリラヤ地方にもイエスの時代に会堂が確かに存在していたことが初めて証明されたのである。

カファルナウムの会堂跡

ガリラヤ地方には、ミグダルほど古くはないが、古代の会堂跡がいくつか残っている。比較のために二つほど例を見てみよう。

一行はカファルナウムに着いた。そして安息日にすぐ、イエスは会堂に入って教えられた。
（マルコによる福音書1章21節）

カファルナウムはガリラヤ湖の北岸に位置する漁村で、紀元前二世紀頃から人が住んでいた。イエスは、もともと漁師であり後に弟子となったペトロとアンデレの故郷であるこの村にやって来て宣教したようである。

現在はここで、四世紀に建設された会堂跡を見ることができる。大きさはおよそ二四×一九メートルで、ミグダルの会堂の四倍の面積に相当する。遺跡としての残存状態も素晴らしく、復元された列柱や壁から往時を偲ぶことができる。入り口が南側、すなわちエルサレムの方角に向けられていることも、この会堂がエルサレム神殿破壊後に建設されたことを物語っている。ミグダルのそれとは異なり、周囲を囲むベンチも見当たらない。バシリカ型の教会堂により近い建築遺構である。色も玄武岩を中心としたミグダルの黒っぽいものとは対照的に、石灰岩を中心とした白っぽい色をしている。

よく探すと立派な石の床の中にはゲーム盤が刻まれているものがある。ここに集まってきた人々が時として楽しんだのであろうか。なお、ペトロの家と考えられている建物の上には現在その遺跡を保

カファルナウムの会堂跡（筆者撮影）

カファルナウムの会堂床に刻まれたゲーム盤（筆者撮影）

護するように教会堂が建設されている。

ベイト・アルファ

次に紹介するのは、ギルボア山の麓にあるベイト・アルファの会堂跡である。二〇世紀初めにここから発見されたのは六世紀の会堂跡で、その素朴ながらも美しいモザイク床で有名である。会堂の大きさはおよそ二八×一四メートルと、カファルナウムのそれに匹敵する規模である。こちらもやはり南側、すなわちエルサレムの方角に入り口が配されている。

モザイクは北、中央、南の三つのパネルから構成され、それぞれ異なるモチーフを配している。北のパネルは創世記22章1—18節の「イサクの奉献物語」をモチーフにしたもので、画面中央には息子イサクにナイフを振り下ろそうとするアブラハムと、天から飛び出た「手」がそれを止めようとする

ベイト・アルファの会堂にある北部のモザイク床

場面が描かれている。

中央のパネルに描かれるのは黄道一二宮図で、円形を一二等分にしたそれぞれの「窓」に、我々にもなじみ深い星座のキャラクターが描かれている。この頃のユダヤ教にギリシア・ローマの文化が取り込まれていたことを示していると言えよう。

南のパネルには律法の宮が描かれている。その両側には七枝の燭台が、そして周囲にはユダヤ教と関係ある他の図柄が描かれている。

テル・レヘシュの会堂跡

二〇一六年八月、筆者らは下ガリラヤ地方のテル・レヘシュの発掘に従事していた。この遺跡についてはすでに触れてきたが、改めて簡単に紹介しよう。

下ガリラヤ地域に所在するテル・レヘシュは、紀元前三〇〇〇年頃から二世紀までおよそ三〇〇〇年にわたってほぼ絶え間なく人が住んでいた丘状の都市遺跡である。西に「ガリラヤ富士」の異名を持つタボル山を望み、ヨルダン渓谷へと流れるタボル川のほとりにあって、一年を通して水の確保できるよい立地条件にある。日本の調査隊がテル・レヘシュの発掘に着手したのは二〇〇六年である。以来、遺跡の様々な場所で発掘調査を重ね、どの時代にどの辺りに人が住んでいたのかを明らかにしてきた。二〇一六年当時の調査の目的は、テル・レヘシュの頭頂部で出土していた紀元前七～六世紀の大型建築物の全容を明らかにすることであった。遺跡頭頂部南半分を占めるこの建築物の西側の壁を見つけようと、調査隊は頭頂部南西側に鍬を入れた。

予想通り、壁は見つかった。さらにこの壁の北端を見つけようと北側に発掘調査区を拡張していくと、より新しい時代の切り石がこの壁を壊して建てられているのが見つかった。それまでテル・レヘシュ頭頂部から出土していた紀元前七～六世紀よりも遅い時代の遺構は、紀元前一～紀元二世紀にかけてのユダヤ人集落の住居遺構のみであった。

そこで筆者は朝食休憩時に、遺跡の別の地区を掘っていたイスラエル人の考古学者にこの切り石について話した。彼がローマ時代を専門とする考古学者だったからである。朝食後の短い時間にその切り石を見に行った彼は、筆者のところに戻るなりこう呟いた。「あれは会堂だ」と。

事の真偽を確かめるべく、朝食後彼はそれまで掘っていた地区を放棄してこの新しく見つかった建物の発掘に集中した。そして調査隊はその後の数日間でこの建物の西半分を発掘することに成功した。当初我々の前に姿を現した切り石は、ミグダルの会堂のそれと同じように中心部を取り囲むように備え付けられたベンチであったことも判明した。イスラエル人研究者はその切り石を見ただけで、これが会堂であると確信したのである。

二〇一七年八月、今度は残りの東半分の発掘調査を行った。その結果、この会堂の全容が明らかとなった。その大きさはおよそ八×九メートルの方形で、中心部を四方から切り石のベンチが取り囲んでいる。中心部の床には、屋根を支えていたであろう柱の礎石が二つ見つかった。入り口は北側に設けられていた。テル・レヘシュから見て、エルサレムの方向は南である。入り口がエルサレムの方向を向いていない点は、ミグダルの会堂をはじめ、エルサレム神殿が破壊される前に建設された他の会堂とも共通している。

モザイクなどの装飾はまったく見つからなかったが、ランプが一点見つかった。それ以前に見つかっていたテル・レヘシュ頭頂部のローマ時代集落の遺物の年代から、この会堂が一世紀前半に建設され、二世紀半ばに放棄されたらしいと結論付けられた。放棄されたのはユダヤ人による第二次対ローマ戦争、いわゆる「バル・コホバの乱」（一三二～一三五年）の時期と重なる。この時に戦乱を逃れるため、このユダヤ人集落も会堂と共に放棄されたようである。

テル・レヘシュのローマ時代の集落は小規模で、住んでいたのはせいぜい数十人ほどだったと思われる。ミグダルで見つかった会堂は面積にしてこの一・六倍あるが、ミグダルは当時、小さいながらも漁業で栄えた町であった。テル・レヘシュの集落は農業的性格を持ったものであったことが想定されている。このように小さい集落から、ガリラヤで二例目の会堂が見つかったことには意義がある。

マタイによる福音書には次のような記述がある。

イエスはガリラヤ中を回って、諸会堂で教え、御国の福音を宣べ伝え、民衆のありとあらゆる病

北側から望むテル・レヘシュの会堂跡（テル・レヘシュ調査団提供）

気や患いを癒やされた。
（マタイによる福音書4章23節）

この記述からは、ガリラヤ地域に多くの会堂があったことが想像される。テル・レヘシュのように小さい集落からも立派な会堂が発見されたことは、当時のガリラヤ地域の人々が会堂を重要視していたこと、そしておそらくそこで学習する律法を重視していたことと関係があろう。確実にエルサレム神殿破壊前に遡ることができる会堂跡は、イスラエル国内でも当時六、七例しか知られていなかった。ましてガリラヤ地域ではミグダルに続く二例目であった。そのため発掘当時から各国のメディアに注目され、インターネット等においてスペイン語や中国語を含む様々な言語で報道されたが、日本で報道されるようになったのは発見から数カ月後であった。

ベンチで囲まれた空間では、律法が朗読されたり、律法の教師たちが律法を論じたりしていたものと思われる。ルカによる福音書4章16節によれば、「それから、イエスはご自分の育ったナザレに行き、いつものとおり安息日に会堂に入り、朗読しようとしてお立ちになった」という。このように、聖書を朗読する人は周囲のベンチから立ち上がり、皆の中央に立って朗読したのだろう。今日の多くのキリスト教の教会堂とはだいぶ異なる構造をしている。

テル・レヘシュは、イエスの出身地であるナザレから直線で一六キロメートルの場所に位置している。ガリラヤ中の諸会堂で教えたと言われるイエスは、ミグダルの会堂も、そして日本隊が発掘したテル・レヘシュの会堂をも訪れて教えていたのかもしれない。

12 市壁

これらはすべて高い城壁で囲まれ、かんぬきで門を固めた要害の町であるが、このほかに城壁のない村落がたくさんあった。
（申命記3章5節、新共同訳）

都市を取り囲む壁

二〇一七年、海外研究でミュンヘンに滞在していた頃、ネルトリンゲンという小さな都市を訪れたことがある。中世の街並みをよく保存する都市として有名だそうだが、観光客らしき人をほとんど見かけない小さな都市だった。都市を取り囲む壁には出入りのための五つの門があり、この壁や門がよく残っていると有名なのだそうだ。

都市の中央にある聖ゲオルク教会には、これまた有名な九〇メートルほどの高さの塔がある。鐘楼でもあるこの塔の長い螺旋階段を喘ぎ喘ぎ登ると、てっぺんで名物のネコが出迎えてくれた。頂上から見下ろすと、ネルトリンゲンが環状の街であることがひと目でわかる。正確には楕円形をしており、長い方の径でも一キロメートル足らずである。ヨナ書3章3節には、ヨナがヤハウェに遣わされて赴いたニネヴェは「非常に大きな都で、一回りするのに三日かかった」とあるが、ネルトリンゲンを回るのには半日で十分だろう。唐の都長安は、南北八・六キロメートル、東西九・七キロメートル、平安京は面積にするとその四分の一ほどだったということである。これらと比較してもネルトリンゲンの小ささがわかる。ちなみに『プリンセスチュチュ』というバレエアニメの舞台はここをモデルにしているそうである。また一説によれば漫画『進撃の巨人』の舞台もここをモデルとしているそうだが、こちらの真偽は定かではない。

ネルトリンゲン

ドイツの古い都市の多くはかつて壁に取り囲まれていた。今でもそうした壁が一部残っている都市はあるが、ネルトリンゲンほどよく保存されているところは少ないだろう。ドイツのみならず、古代から中世にかけてのヨーロッパの都市、また古代中国の都市も同様に、周囲を壁が取り囲んでいることが多い。

時代にもよるが、古代パレスチナの都市の多くにも、原則として周囲を取り囲む壁がある。本章冒頭の引用でも見たように、こうした壁は「城壁」と訳されることが多い。ヘブライ語では「ホーマー」(חוֹמָה)と言い、英語では city wall と呼ぶ。壁が取り囲む都市のことを中国では「城」と呼んだらしいので、「城」を取り囲む壁を「城壁」と呼んでも差し支えないわけだが、古代中国の都市とヨーロッパや西アジアの都市ではイメージ上の違いもだいぶあるので、ここでは統一して「市壁」という言葉を用いることとする。

市壁は都市内部に外敵が侵入するのを防ぐためのものである。日本における市壁の例は多くない。集落全体を濠が囲むような構造は、佐賀県にある弥生時代の吉野ケ里遺跡などに認められる。こうした構造の集落は環濠集落と呼ばれている。吉野ケ里遺跡では、濠の内側に木の柵の跡も見つかった。こうした濠や柵といった防御施設は、弥生時代に稲作によって大量の穀物を蓄積することができるようになり、それを狙う外敵から集落を守る必要が高まった結果設けられたのだと説明される。

日本ではその後、中国の都長安をモデルとした都城が築かれるようになった。しかしこうした都城には一部しか壁が築かれなかったようで、北方騎馬民族による襲撃が想定される中国のそれらと比べれば貧弱なものだったようである。

世界を見渡すと、中国の万里の長城やイギリスのハドリアヌスの長城など、外敵を防ぐ目的で建てられた長大な壁が存在する。立派な市壁の存在は、単に都市の経済的繁栄や権力の大きさを象徴するだけでなく、外部からの直接的脅威がどれだけ深刻であったかを物語っているのである。

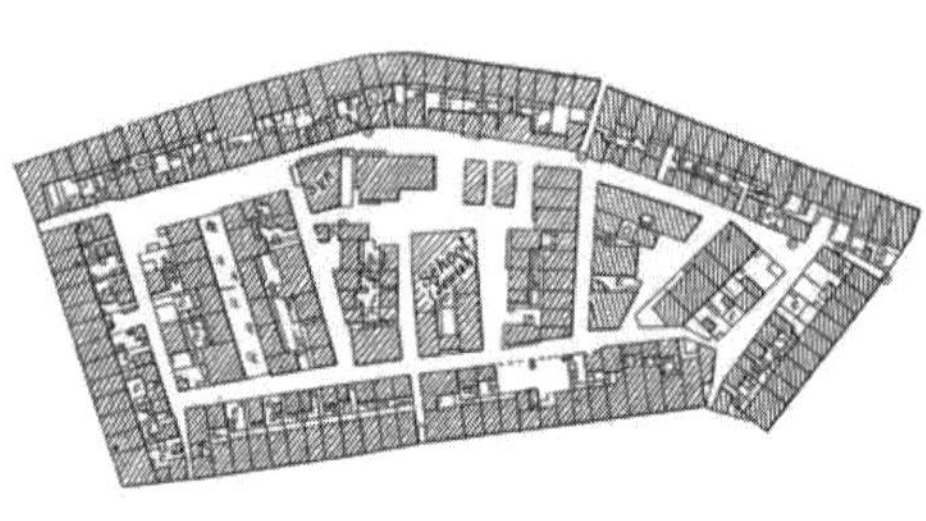

メア・シェアリームの平面図

エルサレムでは一九世紀になっても、夜の帳が下りると市壁で囲まれた旧市街の門を閉じていたそうである。夜に盗賊などが外部から侵入しないようにということだったらしい。そのため、一九世紀にユダヤ人たちがエルサレム旧市街の外に「メア・シェアリーム」と呼ばれる居住地を建設した際には、中庭を囲むように住宅を並べて建設し、それぞれの住居の入口は中庭に向けて設けられた。外部から中庭へ通じる出入口は最小限しか作られず、これらの出入口は夜になるとやはり閉じられた。住居の入口とは反対側の壁は、外から見れば一種の周壁のように見える。こうした構造の居住地とすることによって、外からの侵入を最小限に食い止めようとしたのである。田舎にポツンと一軒だけ建つ家、というものはパレスチナでは想像しがたい。

現代のイスラエルではさすがに夜に門を閉じ、外部との通行をシャットアウトする都市はないが、筆者らが発掘調査の時に宿泊しているキブツでは、今でも夜になるとメイン・ゲートが閉まり、その後ゲートは朝まで守衛の管理下に置かれる。安息日ともなるとこのゲートは一日中閉められる。キブツ全体はフェンスで取り囲まれており、このゲートを除いて出入りはできない。飛行機の関係で深夜にキブツに到着したり、遠足などで安息日にキブツに出入りしたりする時は、そのたびに守衛に電話しゲートを開けてもらわねばならない。裏を返せば、それほど外部からの侵入の危険性が高いということなのである。

攻城戦

古代の地上戦は、双方が野外に陣営を張って行われる野戦と、一方が都市や要塞に閉じこもった状態で行われる攻城戦とに大別される。聖書に記される有名な野戦の一つは、ダビデとペリシテ人巨人兵士ゴリアトの一騎打ちの舞台となった戦いであろう。

ペリシテ人は戦いに備えて軍隊を召集した。彼らはユダのソコに集結し、ソコとアゼカの間にあるエフェス・ダミムに陣を敷いた。サウルとイスラエルの兵士も集結し、エラの谷に陣を敷いてペリシテ人との戦いに備えた。ペリシテ人は一方の山に陣取り、イスラエル人はもう一方の山に陣取って、谷を挟んで相対峙した。（サムエル記上17章1―3節）

野戦は基本的に短期決戦であり、主として双方の兵力が拮抗している時に行われたのに対し、攻城戦は兵力に大差がある時の常套手段であった（サムエル記下11章23―24節参照）。劣勢な側が都市や要塞にこもって応戦しつつ、数でまさる敵の撤退や外部からの援軍の到来を待ったのである。日本でも戦国時代から江戸時代初期にかけて、また幕末にも数多の攻城戦があった。徳川方の軍勢が大阪城に立てこもる豊臣軍を二度にわたって取り囲んだ大阪の陣がとりわけ有名であろう。

攻城戦で重要なのが市壁である。大砲や大型投石器がない時代、壁の向こうにいる敵を降参させるには、兵糧（ひょうろう）攻めで参らせるか、都市内部に侵入して制圧するかのどちらかであった。ひとたび内部に入ってしまえば、門を内側から開け、味方の軍勢を引き込んで一気に制圧できる。こうした策略に関する有名なエピソードが『イーリアス』に描かれたトロイア（トロイとも）の木馬のそれである。ここで概略を見てみよう。

トロイア戦争においてトロイア側の都イーリアスをめぐる攻城戦は一〇年に及んだが、なかなか勝敗が決まらなかった。そこでギリシア側は智将オデュッセウスの提案で大きな木馬を作製し、少数の人間がその中に潜むことにした。ギリシア側が夜のうちに木馬を残して撤退すると、ギリシア軍が退却したと考えたトロイア側は木馬を戦利品として都市内に運び込んだ。再び夜になると、木馬内に潜んでいたギリシア兵たちが外に出た。彼らはやや遠方に待機していた味方に松明（たいまつ）で合図を送って都市内に引き入れ、戦勝の宴に酔うトロイア人を襲い、これによって長く続いたトロイア戦争はギリシア側の勝利で幕を閉じた。

攻城戦で用いられた策略を物語る有名なこのエピソードだが、むろん史実であったか否かを確認するすべはない。近年では一見無害なソフトウェアやファイルを装い、ひとたびコンピュータ上で実行されると内部の情報を勝手に改ざんしたり個人情報を外部に送ったりするマルウェアの一つを、このエピソードに因んで「トロイの木馬」と呼んでいる。

アッシリアの攻城塔（左奥）と市壁崩し（左手前）（アッシュル・ナツィルパル二世の浮彫、大英博物館蔵）

「トロイアの木馬」は例外的な計略である。古来、攻囲する側が都市に侵入するための正攻法というものがある。真っ先に思いつくのは市壁を乗り越えることだろう。梯子や縄をかけて市壁に登り、壁を乗り越えて都市内部に侵入するのである。しかし、当然守る側もこうした手段を十分に想定していた。市壁の上から矢を浴びせたり、大きな石を投げ落としたりして敵を容易にはよじ登らせなかったようである。時には煮え立った湯や油を上から流すこともあったかもしれない。

攻め手の方ではこうした手段に対抗するため、しばしば「攻城塔」（ここでは「城」とする）と呼ばれる装置を用いた。これは移動可能な塔で、射手などがその上に乗ることができる。高い攻城塔を用いれば、場合によっては市壁最上部の高

ラキシュの攻囲を描くセンナケリブ王の浮彫（大英博物館蔵、筆者撮影）

さ近くまで迫ることができた。そうなれば、市壁上の兵に矢を射かけやすい。また壁近くまで塔自体を移動させることができれば、塔上部から市壁上部まで梯子を立てかけたり渡したりして市壁に登るのも容易になった。

別の方法は地下に市壁をくぐるトンネルを掘ることである。工兵らは多くの場合、市壁上の見張り兵に気づかれにくい夜陰に乗じて人が入り込める大きさのトンネルを壁下に掘削したのであろう。秘密裏に無事トンネルが完成しさえすれば、トロイアの木馬同様、少数の兵が人知れずそこから都市内部に侵入し、都市の門を内側から開くことも可能だった。

市壁そのものを物理的に壊す方法も取られた。史上初の世界帝国を築き、紀元前八世紀後半に北イスラエル王国を滅ぼしたアッシリアは、都市攻城戦の際、敵の都市の市壁を壊す方法を用いたことでよく知られている。紀元前九世紀前半、ユーフラテス川を西へと渡り、シリア方面にまで勢力を広げてアッシリアの版図拡大の端緒を開いたアッシリア王アッシュル・ナツィルパル二世は、自らの碑文に次のように記している。

その都市は堅固に守られ、空の雲のように浮揚していた〔訳注・聳えていたことを示す〕。人々は無数の軍勢を頼みとし、下ってきて私に服従しなかった。我が主、偉大なる主アッシュル（神）の命令により、また私の前を行く神の御印によって、私はその都市を攻囲し、トンネル、市壁崩し、攻城塔によって征服した。（私訳）

マサダから見下ろす斜堤

彼らが使ったのは「市壁崩し」（「城壁崩し」とも）と呼ばれる装置であった。小さな塔の下部に車輪がつけられ、内部に人が入って、ぶら下げた丸太を振り子のように人力で前後させる仕組みを持つ装置である。丸太の先端は金属で補強されていたのかもしれない。この先端部を市壁や門扉に激しく連続してぶつけ、市壁を崩したり、扉を破ったりしてから都市内部に侵入した。市壁は家屋同様、下部が石の基礎で作られ、その上に日干しレンガを積んで作られている。そのため、日干しレンガの部分を狙えば比較的容易に市壁を崩すことができたのであろう。

古代パレスチナの都市は平地よりも高い丘にあることが多い。そ

エルサレムで発掘された「ブロード・ウォール」（左の印が往時の推定高）

のため市壁崩しが市壁の際までたどり着くのに、まずは急勾配の丘を登っていかなければならなかった。都市によっては、表面の滑らかな石を丘の斜面に敷くなどして、丘を登りにくくするような工夫もなされた。そのため攻め手は、市壁に対して市壁崩しが垂直に突き進めるよう、最初に土塁を築いた。「斜堤」と呼ばれるこの坂の上を通って、兵士や市壁崩しがまっすぐ市壁に進んで行ったのである。

市壁崩しはローマ時代にも使われた。一世紀の対ローマ戦争でエルサレムが陥落した後に熱心党のユダヤ人が立てこもったのは、急峻な丘の上にあるマサダであった。この難攻不落の要塞マサダの壁を崩したのもやはり市壁崩しである。今でもマサダの遺跡に登ると、ローマが長々と築いた斜堤を上から見下ろすことができる。

都市の建設に際し、防御は重要な要素であった。市壁を越え、潜り、あるいは壊して侵入しようとする敵を想定し、様々な工夫が凝らされた。市壁を高くするのもその工夫の一つである。また、都市外部から都市の門へと至る坂道を、丘の側面に沿って作ることが多かった。坂道は必然的に市壁と並行することになる。こういう構造であれば、敵軍がその坂道を通って都市の門へ迫ろうとする際、市壁の上から攻撃するのが容易になる。壁の要所にはひと際高い塔も築かれた。

トンネル対策、市壁崩し対策として有効なのは、市壁を厚くすることだろう。紀元前八世紀末に南

エン・ゲヴで発掘されたケースメート式市壁（左）と塔の基礎（手前）
（聖書考古学調査団提供）

ユダ王国の王ヒゼキヤがエルサレムに築いたと言われる市壁の基礎部分が発掘で見つかっている。その名も「ブロード・ウォール」（Broad Wall）と呼ばれるこの壁の厚さは実に七メートル、残存する基礎部分だけでも三・三メートルの高さに及ぶ。この壁はイザヤ書22章10節に言及される壁だと言われている。

しかしこのように堅固な市壁を建設するには大規模な工事と大量の石材、そして多くの労働者が必要である。そこで考案されたと思われるのが、「ケースメート式市壁」と呼ばれる壁であった。二重に壁を建設し、その間に間仕切り壁をところどころに設ける建築技法である。間仕切り壁で区切られた空間は「ケースメート」と呼ばれる部屋となる。普段はそこを貯蔵庫や住居にするなどして空間を有効に活用し、攻城戦ともなればそこに土砂などを入れて補強するのである。日本隊が調査した、ガリラヤ湖東岸に位置するエン・ゲヴ遺跡でも同様のケースメート式市壁が出土している。

エリコの市壁

さて、都市を取り囲む壁と聞いて聖書に通じた読者諸賢が真っ先に想像するのはエリコの壁の物語ではないだろうか。ヨシュア記6章のこの物語は、出エジプトを果たしたイスラエル人が荒野を四〇年間放浪した後、モーセの後継者ヨシュアの指揮下、いよいよ「約束の地」に侵入する場面を描くものである。当時「約束の地」、すなわちパレスチナにはカナン人が住んでおり、死海の北側でヨルダン川を西へと渡ったヨシュアたちが最初に遭遇したのはエリコという都市の住民であった。

エリコはイスラエルの人々を前にして城門を堅く閉ざし、誰も出入りする者がいなかった。

（ヨシュア記6章1節）

こうして攻城戦となったわけだが、イスラエル軍はアッシリアのように城壁を乗り越えたりトンネルを掘ったりして都市内に侵入したのではなかった。ヤハウェは、六日間毎日エリコの周りを一周し、七日目には七周して角笛を吹き鳴らし、鬨の声を上げるよう命じる。ヨシュアらがその通りに実行すると、果たして七日目、壁は崩れ落ちたのである。つまりエリコを取り囲む壁は、城壁崩しといった人為的な装置によってではなく、奇跡によって崩壊したことになる。

二〇世紀前半に始まった考古学的調査の結果、ヨシュアが活躍したと想定される時代、エリコに市壁はなかったという事実が明らかになった。したがってエリコの壁の物語は、仮にそこに史実の核があったとしても、ヨシュアの時代に生じた出来事ではないということになる。

ヨシュア記が描くイスラエルによるカナン征服の物語は、アッシリアの王碑文の記す征服の記事と類似していることが指摘されている。一部の研究者が主張するように、仮にこの物語が、南ユダ王国がアッシリアの属国であった紀元前七世紀にアッシリアの影響下において書かれたものであるとすれば、物語の筆者も読者もアッシリアがどのような人工装置を用いて多くの都市を征服してきたか、よく知っていたはずである。そうであれば、こうした人工装置ではなく、またトロイアの木馬のように策略でもなく、一見不可思議にも思える神の命令への絶対的服従によって難攻不落の都市を陥落させたところにこそ、この物語の真髄があるものと理解されよう。

13 市門

門にいたすべての民と長老たちは言った。「私たちは証人です。どうか主が、あなたの家に入る女を、イスラエルの家を建てた二人、ラケルとレアのようにしてくださいますように。」
（ルツ記4章11節）

市門をめぐる戦い

前章では都市を囲む壁である市壁の話をした。周囲を壁で囲まれた都市の出入口となるのが市門で、大規模な都市になると市壁に複数の門が設けられた。これを「市門」（「城門」とも）と呼ぶ。前章で紹介したように、夜や戦争時はこの門を閉め、かんぬきをかけて外部からの侵入を防いだ。外部から大きな力が加わるとかんぬきは壊れ、扉は破れてしまう。かんぬきは都市防衛の観点から非常に重要であった（詩編147編13節）。

扉自体の素材は木材であったため、市壁崩しのような装置（前章参照）による集中的な攻撃に弱く、必定ここに外敵の攻撃が集中することとなった。むろん防御する側もそれを想定してかんぬきを頑丈にしたり扉を厚くしたりしたのであろう。

長期の攻囲戦が想定されない場合、都市の住民側の軍勢が市門から出撃し、市門のすぐ外で戦いが

テル・ダンのレンガの門。入口が埋められたのは防御のためか（中期青銅器時代、紀元前 2000 ～ 1550 年）

行われることも少なくなかった。市壁の上から比較的安全に援護射撃が可能であったし、もし劣勢になればすぐに都市の中に引き上げることができたからである。サムエル記下10章8節には、「アンモン人は出陣して門の入り口に陣を敷き、ツォバとレホブのアラム人、およびトブとマアカの兵士はそこから離れた野に陣を敷いた」とあるが、この場合、イスラエルが攻めようとしたアンモン人は市門の外に出て戦いに備え、アンモン人の援軍はイスラエルと野戦をしようとしている。おそらく、イスラエルを挟み撃ちにしようとしたことを描写しているものと思われる。

市門の役割

古代パレスチナの市門には出入口としての機能以外にも様々な社会的役割があった。多くの人や家畜が行き交う場所だけに、門の内側にはやや広い空間が取られ、そこに人が集まることができた。一つ例を見てみよう。

町の門にやって来ていたすべてのヘトの人々が見ているところで、アブラハムの所有と決まった。
（創世記23章18節）

このように、都市の人々は取り決めのために市門前に集まったのである。今日のように集会所や公会堂がなかった時代、屋根はなくても多くの人が集まることのできる門の前が広場として使われたのだろう。

人が集まるところなら、証人も見つけやすい。本章冒頭に引用した箇所は、親戚であったナオミの財産を受け継ぐことをボアズが市門で宣言する場面である。また都市の門には、裁判官としての役割を果たす長老たちもいたようである。したがってそこには訴訟が持ち込まれ、裁判の場ともなった。

しかし、その兄弟が義理の姉妹をめとろうとしないときは、彼女は町の門の長老たちのもとに行き、言いなさい。
（申命記25章7節）

しかし、紀元前八世紀の預言者アモスが「彼らは町の門で戒める者を憎み／真実を語る者を忌み嫌う」（アモス書5章10節）と言うように、市門での裁判は常に公正に行われたわけではなかったようである。こうした人々にアモスは「悪を憎み、善を愛し／町の門で公正を打ち立てよ」（アモス書5章15節）と説く。今日の裁判所と異なり、市門には誰でも近づくことができた。その公の場で不正がはびこっていたのである。

王国時代、王は裁き人でもあった。聖書中、王が行った有名な裁判の例は、二人の子どものうち生きているほうが自分の子だと主張する二人の女にソロモン王が知恵をもって裁定を下す場面を描く列王記上3章16―28節のエピソードだろう。

またこのソロモン王の即位前、父ダビデ王の在位中に父王に対するクーデターを企てた王子アブシャロム（新共同訳・口語訳では「アブサロム」）は、まず次のような行動を取った。

> 彼は朝早く起きて城門への道の傍らに立ち、争い事を抱えた人が王に裁定を求めにやって来ると、誰にでも声をかけ、（中略）「確かに、あなたの訴えはもっともで正しい。だが、王のもとには、あなたの訴えを聞いてくれる人は誰もいないのだ」と言うのであった。また、アブシャロムは言った。「もし誰かが、私をこの地の裁き人にするならば、どんな争い事や申し立てを抱えた者が来ても、その人のために公平な裁きを行ってやれるのに。」（中略）アブシャロムは、王に裁定を求めてやって来るイスラエル人すべてにこのように振る舞った。こうしてアブシャロムは、イスラエルの人々の心を盗んだ。
>
> （サムエル記下15章2―5節）

このエピソードからも、王が裁判に携わることが期待されていたこと、また公正な裁定が求められていたことは明らかである。古代西アジアでは、王は公正な裁き人であることが求められた。これまで様々な古い「法典」が南メソポタミアで出土しているが、それらを制定し、布告したのはすべて王

（左上）テル・ダンの市門内側にある「裁き人」の座、（右上）馬を使っての麦踏み（パレスチナ）、（左下）風選の様子（パレスチナ）、（左下）麦打ち場（ギリシア、サントリーニ島）

であった。王は神から人々を裁く権利も授かっていると考えられていたのである。三権分立などという発想はこの頃にはまだなかった（現代日本でもそれが十分機能しているかどうか甚だ疑わしい場合もある）。

市門で裁きが行われることと関連してか、市門には王が座るための場所もあった。列王記上22章10節には「イスラエルの王とユダの王ヨシャファトは、サマリアの門の入り口にある麦打ち場で、それぞれ王の衣を身に着けて王の席に座っていた。預言者たちは皆、二人の前で預言していた」とある。この場合、麦打ち場が市門前の広場だったのだろう。

ここで麦打ち場について説明しておく必要があろう。古代のパレスチナで主要な穀物であったムギの畑は通常都市の外にあった。刈り取ったムギを集めて干した後、脱穀作業が行われたのが麦打ち場であった。ムギの場合、それを踏みつけたり、棍棒状のもの（殻竿）で打ったりすることによって籾殻から分離する必要がある。さらにそれを農具ですくい上げ、風を使って籾殻を飛ばしムギを得た（風選）。この作業のためにはある程度の広さの場所が必要となる。

この麦打ち場は必ずしも都市にあったわけではないが、都市の近くに設けられる場合は、広いスペースが取れる市門の近くに設けられたのだろう。エルサレムにも「アラウナの麦打ち場」があったことがサムエル記下24章16―25節に記されている。

さらに市門では裁判だけでなく、処罰も行われたようである。申命記17章2―5節を読んでみよう。

もし、あなたの中に、あなたの神、主が与える町で、男であれ女であれ、あなたの神、主の目に悪とされることを行い、（中略）忌むべきことがイスラエルの中で行われたのだとしたら、あなたはその悪事を行った男か女を町の門のところに引き出し、その者たちを石で打ちなさい。彼らは死ななければならない。

この記述からは、刑務所のようなものはなく、罪人は有罪確定後に即処刑されるような印象を受ける。読者諸賢がこの律法を読んで連想するのは、ステファノ殉教の場面かもしれない。使徒言行録6章8節―7章に描かれたこのエピソードでは、ステファノは冒瀆のかどで最高法院に引き出され（6章12節―7章1節）、そこで熱弁をふるった後（7章2―53節）、怒り狂った人々によって処刑された（7章54―60節）。57―58節を読んでみよう。

人々は大声で叫びながら耳を手で覆い、ステファノ目がけて一斉に襲いかかり、都の外に引きずり出して石を投げつけた。

ここでは（冒瀆が明らかと思われたためか）判決すらなく、市門外に引き出され、即処刑されている。また、市門には市場が立つこともあった。北イスラエル王国の都サマリアが、アラム人の軍勢によって攻囲された時、激しい飢きんが都の住民を悩ませ、女が自分の子どもを食べるような極限の状況にまで至った（列王記下6章8―33節）。その時預言者エリシャが登場して次のように預言する。

エリシャは言った。「主の言葉を聞きなさい。主はこう言われる。『明日の今頃、サマリアの門では、上等の小麦粉一セアが一シェケル、大麦二セアが一シェケルとなる。』」（列王記下7章1節）

前述したように都市内では基本的に農耕は行われない。そのため、穀物などの食品や他の多くの商品は、市門を通って都市の住民にもたらされた。広い市門前は市場が立つには好都合の場所だったに違いない。

さらに、市門には儀礼と関係する施設が建てられることもあった。紀元前七世紀に大がかりな「宗教改革」を断行したとされる南ユダ王国の王ヨシヤについて、次のような記述がある。

門にあった高き所を破壊した。これは都の長ヨシュアの門の入り口にあり、都の門を入る人の左側にあった。

（列王記下23章8節）

この記述によれば、エルサレムの市門の一つに香をたくための施設があったことになる。そして香をたく対象が異教の神とみなされた結果、この施設が破壊されたというのである。

ガリラヤ湖北方のエッ・テルという遺跡からは、市門の片側の前に、紀元前九～八世紀頃のものと思われる遺構が見つかっている。この遺構は、三段の階段とその頂上部に据えられた方形の石鉢、そしてその奥にある雄牛像の浮彫が刻まれた石碑から成る。腰に剣状のものを差すこの雄牛像はシリアやメソポタミアで盛んに崇拝されていた月の神シンと関連したものと考えられている。

エルサレムのダマスカス門。商品が並べられている。

この遺跡自体は古代イスラエルのものではなく、アラム人が住んでいた都市と考えられることが多いが、いずれにせよこの時代のパレスチナにおいて、都市の門に何らかの祭儀的役割があったことを示唆している。

要するに、古代パレスチナにおける市門は、現代の都市に譬えればさながら議会、裁判所、市場、宗教施設をすべて合わせたような、すぐれて公共の場所だったのである。王国時代の市門が果たした

エッ・テルの市門とその前に設けられた祭儀施設（推定）

こうした役割の一部は、後代になると会堂が果たしたようである（第一一章参照）。

「六室市門」

第一章では「四部屋式住居」（four room house）について記した。紀元前一二世紀以降のパレスチナで標準的な住居型式を表す語である。もっとも「部屋」と言っても屋根のない部分も数に入れているので、「四空間式住居」という言葉を用いる方がよいかもしれない、とも書いた。しかし今改めて考えてみると、「四間住居」でよいのではないかと思える。「間」には部屋という意味もあるが、壁や仕切りで区切られた空間という意味もある。したがって「間」の方が、この場合の英語のroomの訳語により適合するように思えるのである。「部屋も含めて四つの空間がある部屋」という意味で「四間住居」というのは「四部屋式住居」よりも正確だし、「四空間式住居」よりも

テル・ゲゼルの六室市門

仰々しくない。

実は市門にも「六部屋式市門」(six chambered gate)と呼ばれるものがある。門であるからには、中央に通路があるのは当然だが、その通路を挟んで片側に三つずつ、合計で六つの空間が並んでいる型式の門である。こちらは門の上に塔など、門を守るための構造物があったため、「部屋」(chamber)と呼んでも差し支えない。あるいは四間住居同様「式」を外し、「六室市門」でもよいかもしれない。

これら通路両側に並ぶ部屋の用途はわかっていない。ここに兵が潜み、門を通って都市内部に侵入しようとする敵を待ち伏せしたのだとも、戦車の格納庫だとも言われる。ちなみに当時の戦車(英語でchariot)は馬に曳かせるタイプのもので、現在実戦で使われるタイプの戦車(英語でtank)ではない(しかし現在のイスラエル軍が使用する戦車は馬に曳かせる方の「戦車」[מרכבה]と呼ばれている)。部屋の用途についてのどちらの説も具体的証拠に乏しく、研究者の間でも意見の一致を見ない。遺跡によっては、発掘時にこの空間から大甕が見つかることもある。こういう事実を踏まえれば、市門の部屋はむしろ多用途の空間であったと考える方が理に適っている気がする。全体を石で築いた方が堅固になるのだが、その部分を空間にしているのは、ケースメート式市壁同様(前章参照)、その空間を埋める建材を節約するためではなかったろうか。

テル・レヘシュの市門

筆者らが発掘調査をしている下ガリラヤの遺跡テル・レヘシュからも市門と思われる遺構が見つかっている。おそらく初期鉄器時代（紀元前一二～一一世紀）に建設されたものと思われる。興味深いのは、この壁に接続する市壁が見つかっていないことである。門のみでは防御の役にはまるで立たない。つまり、都市は丸裸の状態だったということになる。

市門は都市への出入口であるため、市壁がなければ市門もないのが当然であろう。テル・レヘシュの場合、市壁がたまたま残っていないということも十分考えられる。現に市門と言っても真ん中の通路を挟んだ反対側の構造物はまったく残っていない。

しかし最近筆者は、市壁のない市門があってもいいのではないかと思うようになった。すでに見たように、門には数々の社会的役割があった。運動会の入場門や退場門も壁がついていないではないか。ティトゥスの凱旋門をはじめとするローマ帝国時代の凱旋門にもそれに取りつく壁はない。壁はなくても、門を潜って別の世界に入る／出るという行為は儀礼的・象徴的な意味を持っているのである。「門出」という言葉を新しい生活を始める時に使うが、この「門」もまた象徴的な意味を持つ。

詩編24編は、アドベントと関連づけられて、讃美歌としてよく歌われ、またヘンデルのメサイアの歌詞にも取り込まれているものだが、この中にも「門」が言及されている。

門よ、頭を上げよ／とこしえの扉よ、上がれ。／栄光の王が入る。
（詩編24編7節）

この場面は、契約の箱が神殿の門をくぐって神殿内に持ち込まれる喜びを歌ったものだと考えられることが多い。ダビデの歌とされているが、契約の箱が神殿に入った一度限りの機会に歌われたものではなく、実際には王国時代に何度も繰り返された祭りの時の歌ではないかと考える研究者も少なくない。つまり、祭りのたびに契約の箱が神殿から持ち出され、門をくぐってエルサレムを練り歩いたというのである。

さらに、ここには「王」という言葉はあるが「箱」という言葉が出てこないため、実際に持ち出して練り歩かれたのは契約の箱ではなく、ヤハウェの像ではなかったか、と考える研究者もいるのである（これが事実なら古代イスラエルにはヤハウェの偶像が存在したことになる）。いずれにせよ、こうした儀礼に際しても、門が重要な役割を果たしていたことをうかがい知ることができよう。それは門が内と外とを区切る、目に見える境界だったからであろう。出ることと入ることという一対の動きは、物理的であれ象徴的であれ、重要な意味を持っているのである。

あなたは入るときも祝福され、出るときも祝福される。
（申命記28章6節）

14　列柱付き建造物

（エリシャは）「東の窓を開けなさい」と言った。王が窓を開けると、エリシャは、「矢を放ちなさい」と言った。彼が矢を放つと、エリシャは言った。「これは主の勝利の矢、アラムに対する勝利の矢。あなたはアフェクでアラムを全滅させるまで討ち破るであろう。」
（列王記下13章17節）

都市の中心

都市の中心とは何だろうか。日本の城下町ならそれは政治・経済の中心であった城だろう。古い城下町の中心には必ず城がある。将軍のお膝元江戸の町では、江戸城がそれに当たる。城にはその領地で政治的権力をふるった城主が住んでいた。つまり権力者の住まいが都市の中心だったのである。

しかし権力者が常に城に住むとは限らない。平安時代、平安京の中心は御所であった。それはたしかに権力者たる天皇の住まいであったが、城ではなかった。城の中には、山上に築かれるなど防御的要素が色濃いものもある。たとえ権力者が城に住んでいても、その城が山にある場合などは地理的条件から城下町が発展しにくい。日本の場合、戦国時代の城は要害の地に築かれることが多かった。そのため城下町を持たない城も少なくなかったのである。

また権力者の住まいと実際の権力の場が離れてしまった現代の都市では、こうした図式は必ずしも当てはまらない。今日、首相官邸を東京の中心と考える人は少ないだろう。とりわけ大都市では都市の中心が複数形成される。東京を例にとれば、永田町然り、丸の内然り、新宿然りである。

現代では交通の要である主要駅周辺に様々なオフィス街や商店街が集まって都市の中心を形成する場合もある。それはもともとの都市の中心と必ずしも同じではない。例えば現在東京の副都心の一つと呼ばれる池袋などはもともと辺鄙な場所であったが、鉄道駅建設後に複数の路線が乗り入れることによって巨大なターミナルとなり、周辺に多数の商業施設が建てられて今日のような街になった。

大きな寺や神社、すなわち宗教的施設が中心となって街並みが形成される都市もある。伊勢神宮の近くには「おかげ横丁」があり、参拝客・観光客でにぎわっている。また大きな港など、物資が集積される場所も都市の中心を成すことがある。長崎や横浜などがその例として挙げられよう。鉱山都市のように産業が発達するところにもその周辺に都市が形成される。要するに人が集まるところが都市の中心となるのである。

人が集まれば消費が生まれ、商業が発達する。都市内部や近郊では手工業が、郊外では人口を養うために農業がそれぞれ発達した。そしてそこで育てられた作物や家畜、工業製品が都市で消費されていった。前近代までの都市の仕組みを極めて単純化して描写すればこのようになろう。

公共建築

ヨーロッパの中世都市の多くでは、中心部が広場になっている。広場の近くには教会がある。イスラーム圏に行けば、教会の代わりにモスクがある。国王や諸侯の住む宮殿とは異なり、広場や教会、そしてモスクは基本的に誰でもアクセスできるため、これらは「公共建築」と呼ばれる。現代の日本では都道府県庁、区役所や市役所、町村役場もこれに相当するだろう。むろん公営の図書館や体育館、劇場などもこれに含まれる。かつての城も現代では多くの場合もはや私有地ではないため、公共建築になったと言うことができるかもしれない。

さて、古代パレスチナにおいてはどうだろうか。私たちは彼の地の遺跡を発掘して遭遇する遺構のうち、立派な建物を「公共建築」と呼んでいる。宮殿や神殿などがそう呼ばれるわけだが、実際のところ王宮などは王の私的な建物という意味において厳密には「公共建築」とは言えない。単に大きくて立派な建築物が出てくると便宜的に「公共建築」と呼んでいるのである。こうした公共建築は、パレスチナの古代都市においても中心にあることが多い。第一二、一三章でそれぞれ扱った市壁や市門もまた公共建築である。

古代パレスチナの都市の中心が、原則としてやはりその都市の為政者の住まいもしくは行政センターであったことは疑う余地がない。しかし大勢の人が集まるという意味においては市門もまた都市の中心の一つであったと言えよう。第一三章で見た通り、市門は議会、裁判所、市場、宗教施設などの機能を担っていたからである。

列柱付き建造物

本章で取り上げるのも、そのような公共建築の一つである。考古学の年代区分で鉄器時代Ⅱ期と呼

テル・ベエル・シェバの列柱付き建造物

ばれる時期がある。およそ紀元前一〇～六世紀初頭を指し、古代イスラエルの王国時代を考古学的にそう呼んでいると考えて差し支えない。第一二章で扱った「ケースメート式市壁」や第一三章で扱った「六室市門」などと並んで、この時代、とりわけその前半に特徴的な公共建築に「列柱付き建造物」と呼ばれる建物がある（これまで筆者は「列柱式建物」と呼んできたが、本書では故小川英雄氏に倣い「列柱付き建造物」とする）。

英語で tripartite pillared building と呼ばれるこの建物は、正確に訳せば「三部構成の列柱付き建造物」となろう。その名の通り、建物内に長辺に並行して二列の柱がずらっと並ぶ長方形の建物で、内部は二列の列柱によって三つの長方形の空間に分割されている。多くの場合、二列の列柱間に広がる中央のスペースは土間であるのに対し、左右の列柱と外壁との間の空間は石敷きである。建物の大きさはまちまちだが、小さいものでおよそ八〇平方メートル、大きいものでおよそ三〇〇平方メートルに及ぶ。列柱付き建造物は一棟のみで存在するケース、二棟、三棟と連なるケースがある。一つ一つの柱は単石のものと複数の石を積み重ねたものとがあるが、同じ建物には基本的に同じ種類の柱が使用される。

列柱付き建造物の用途

さて、この建物の用途についてはこれまで様々な説が提出されてきた。例えばこれはバザールだったという説がある。ご存じの読者諸賢も少なくないと思われるが、西アジアの伝統的なバザール（アラビア語では「スーク」）は屋根に覆われた通路の両側に小さい間口の商店が立ち並ぶ構造になっているものが多い。つまり、列柱付き建造物の列柱の間にそれぞれ商店が一つあり、客たちは中央の通路を通りながらショッピングをしていたのではないかという想定である。また、列柱付き建造物を兵舎とする説もある。この説では柱と柱の間に兵士が寝る部屋があったと想定するのだろう。

バザール説の問題点は、列柱間の距離が、広いものでも一・五メートルほどしかないことにある。これでは一つ一つの商店はかなり小さいものとなる。また兵舎説の問題点は、列柱に用いる石などのつくりが単なる兵舎にしては立派過ぎることにある。こうした理由からこの二つの説は今日もはやほとんど支持されていない。

第三の説は、この建物を厩（うまや）とする説である。この説には、現代の厩との構造上の類似以外にも、物的証拠とされるものがある。パレスチナ北部のイズレエル平野に面したメギドという遺跡では、遺跡の南北両区域からそれぞれ列柱付き建造物群が見つかった。これほどの数の列柱付き建造物が出土している遺跡は今のところない。出土した柱に注目したところ、北にある建物の四八本中二〇本に穴が開けられていた。また列柱間の床面には、上面が浅く掘り込まれた石が並んでいた。この建物を厩と考える研究者たちは、柱の穴を馬をつなげるためのもの、列柱間の石を飼い葉桶、とそれぞれ解釈した。さらに建物前の広い広場が馬場、あるいはこれらの馬を使った戦車部隊の練習場だったのではな

アッコのバザール

メギドの列柱付き建造物

いかと考えた。

　ただし、柱に穴が穿たれた列柱付き建造物はこの遺跡以外には見つかっていないし、メギドのそれにしてもすべてに穴が穿たれているわけではない。また、なぜ飼い葉桶が石製なのか、飼い葉を入れるには浅過ぎないか、列柱の両側には石敷きが施されている場合が多いがこれでは馬の蹄を傷つけてしまうのではないか、などという疑問点も残る。

　もう一つ有力と目される第四の説は、列柱付き建造物を倉庫と考える説である。実際、いくつかの列柱付き建造物からは貯蔵用の壺が大量に見つかっている。そのため中央通路両側の石敷きは、貯蔵する穀物などの物資を大地の湿気から守るための工夫だったのではないかというのである。この説では、列柱に見られる穴は物資輸送用のロバなどの家畜をつなぐための穴と説明される。

他にも商館説（物資の貯蔵とその再分配の機能を兼ね備えた施設）という説も出されているが、結局のところどれも決定打に欠けていると言わざるを得ない。どれもあり得るため、これらすべての機能を兼ね合わせた多目的ホールのような機能を列柱付き建造物が持っていたと考える考古学者もいる。

筆者は、列柱付き建造物には何らかの公的な機能があったことは間違いないと考えている。第一の理由はつくりの立派さにある。一般家屋に比べると明らかに別格なのである。第二の理由はその立地である。列柱付き建造物は市門のすぐそばなど、都市の中で重要な場所にあることが多い。

建造物の使用用途同定は思いのほか難しい。建物出土時の状況は、その建物の最終的な使用状況を表すに過ぎない。たとえ列柱付き建造物の本来の用途が厩であったとしても、その都市の住民が都市を棄てて逃げていったとすれば、馬具もろとも馬を持ち出したはずである。そうなると馬具が建物から出土する可能性は少ない。さらに、攻囲戦に備え、市門のそばの建物に穀物をたくさん貯蔵しておくということも考えられる。つまり発掘で見つかった列柱付き建造物の状況のみに基づいて、それが建設された目的を決定することはできないのである。

エン・ゲヴ遺跡における列柱付き建造物の発見

さて、日本の調査隊がガリラヤ湖畔で発掘したエン・ゲヴ遺跡からも、列柱付き建造物が上下二層にわたり、合計五棟出土している。上層の二棟の建物は合わせて約三一五平方メートル、下層は三棟で約七二四平方メートルの規模で、他の遺跡の列柱付き建造物と比較すれば一棟の規模は大きい部類に入る。下層が使われなくなってからそれほど時間を経ずに、ほぼ同じ位置に上層の建物が建てられ

エン・ゲヴ遺跡の列柱付き建造物（上層）（聖書考古学調査団提供）

たようである。基本的に同じプランに沿って建てられているようだが、上層の二棟と下層の南二棟の列柱は石灰岩の単石であるのに対し、下層の北棟の列柱は積み石という違いもある。

列柱に穴は穿たれておらず、また飼い葉桶になるような石も列柱間から出土していない。土器などが出土しているが、建物の用途を特定する鍵となる遺物は見つかっていない。また、上層の北側の棟の北西部からは用途不明の小部屋が見つかっている。

エン・ゲヴ遺跡の帰属

興味深いのは、エン・ゲヴ遺跡の地理的位置である。多くの列柱付き建造物はかつての北イスラエル王国もしくは南ユダ王国、あるいは（存在していたとして）ダビデ・ソロモン時代の統一王国の版図内に分布している。そのため一部の研究者は、列柱付き建造物がエン・ゲヴから出土していることを根拠にエン・ゲヴ遺跡が当時北イスラエル王国の支配下にあったと論じている。

他方、エン・ゲヴ遺跡を列王記で言及されるアフェクというアラム人都市と同定する研究者も多い。エン・ゲヴ遺跡が位置するガリラヤ湖東岸は、今日のシリアの首都ダマスカスを都としたアラム・ダマスコ王国との境界に当たると目される地域だからである。アフェクは本章冒頭のエリシャの預言の他、次のように列王記に記されている。

> 年が改まった頃、ベン・ハダドはアラム軍を召集し、イスラエルと戦うためにアフェクへ攻め上った。〔中略〕（アラム軍の）生き残った者はアフェクの町へ逃げたが、その生き残った者二万七

千人の上に城壁が崩れ落ちた。ベン・ハダドも逃げてこの町に入り、奥の部屋に隠れた。

（列王記上20章26、30節）

これらの記述が何らかの史実を反映しているとすれば、アフェクはイスラエルとアラム・ダマスコとの国境に近い地域に位置する、アラム人の支配下にあった都市ということになろう。

エン・ゲヴ遺跡からは、一九六〇年代のごく短い発掘調査によってアラム語が刻まれた壺が見つかり、これが同遺跡から唯一出土した鉄器時代の碑文史料となっている。碑文と言っても「献酌官のもの」と短く、壺の所有者を指す文言と思われる。「献酌官」は元来、王が口にする酒の毒見を担当したことから、王の信用の厚い人物に限られた。そのため王国の官僚の中でもかなりの地位を占めていた人物と考えられている。アラム語で記されていることから考えても、近隣のアラム人王国の献酌官と考えるのが一番無難であろう。そうなると、エン・ゲヴ遺跡は少なくとも一時期においてアラム・ダマスコ王国と関係を持っていた可能性が高いと言えよう。

エン・ゲヴ遺跡が列王記上20章の戦いの舞台アフェクであることを裏づける決定的根拠は、歴史学的にも考古学的にもない。しかしすでに見たように、この都市自体は少なくとも一時期、アラム・ダマスコ王国の支配下にあった可能性が高い。また物質文化においても鉄器時代Ⅱ期における大きな変化は見られない。列柱付き建造物は下層と上層でその建築様式に大きな変化はないし、この時代を通して大きな破壊の痕跡も見つかっていない。つまりイスラエル王国時代と呼ばれる時代、エン・ゲヴ遺跡において住民の大規模な交代劇は生じていなかったと考えてよいのだろう。

そうであるならば、鉄器時代Ⅱ期においてエン・ゲヴ遺跡は基本的にアラム・ダマスコ王国、もしくはアラム人の支配下にあったと考えてよいのではないだろうか。この憶測が正しいとするならば、公共建築である列柱付き建造物もまたイスラエル人ではなく、アラム人が建てたと考えてよいだろう。

聖書記述と考古学

かつては六室市門がソロモン時代の建築のメルクマールとみなされていた。この市門が出土する層はすべてソロモン時代、すなわち紀元前一〇世紀半ばに年代づけられるという考え方である。この説は列王記の次の記述に依拠している。

> ソロモン王が、主の神殿と王宮、ミロとエルサレムの城壁、およびハツォル、メギド、ゲゼルを築くために課した労役の事情はこうであった。（列王記上9章15節）

考古学が今ほど発達していない時代に、ここに挙げられたハツォル、メギド、ゲゼルという都市の遺跡から、どれも同じ時代と目される六室市門が出土したため、それらはこの記述通りソロモンが築いたものと考えられたのである。しかしその後、六室市門はイスラエル王国の版図を超える地域で建設されていること、また市門の建設自体、ソロモンの治世よりも後の時代に年代づけられることなどがわかり、今日ではこの考え方はあまり有力視されていない。

実は列柱付き建造物を厩とする考えも、こうした記述と無関係ではない。現にメギドの遺跡を訪れ

メギドの列柱付き建造物跡に復元された戦車

ると今でも列柱付き建造物の傍らに「ソロモンの厩」という説明板が立っている（少なくとも数年前までは立っていた）。単に「厩」ではなく「ソロモンの厩」とされるのは、次の列王記の記述に依る。

〔ソロモンは〕また、自分が所有する倉庫の町、戦車隊の町、騎兵隊の町を再建した。さらにソロモンは、自分が建てたいと思ったものを、エルサレムとレバノン、および支配下にある全地域に建てた。（列王記上９章19節）

「戦車隊の町」「騎兵隊の町」をソロモンが築いたというこの記述と、六室市門がソロモン時代の建築物であるという前提に基づき、同時代の建築と考えられる列柱付き建造物が「ソロモンの厩」とされたのである。しかしすでに見たように、エン・ゲヴの列柱付き建造物はアラム人によってイスラエル王国外に建てられた可能性が高い。そうであるならば、列柱付き建造物をソロモンの建築はおろかイスラエル特有の建築とさえみなすことはできないであろう。

このように考古学者の解釈は、思想的前提や、特に聖書の記述によって生成される先入観によって規定されてしまう側面がある。筆者としてはエン・ゲヴ遺跡の調査成果がこうした学問のあり方に疑問を投げかける一つのきっかけとなることを願うばかりである。

15 印章

ファラオは指から印章の指輪を外し、ヨセフの指にはめた。また上質の亜麻布の衣服を着せ、金の首飾りをその首に掛けた。（創世記41章42節）

ハンコからサインへ

自分のハンコを使うようになったのはいつ頃からだったろうか。中学校か高校の卒業記念に三文判をもらったような微かな記憶があるのだが、それは三文判ではなく氏名印だったかもしれない。あるいは、これから使うだろうから、とそうしたタイミングで親からもらったのかもしれない。いずれにせよ、成人前には自分の銀行口座を開設し、自分のハンコを持っていたはずである。

日本はこれまでハンコ社会であった。役所や会社などに提出する様々な書類に捺印を求められる。筆者の職場においても、出張願その他の文書に承認のハンコがいくつも捺されるようである。

一度個人研究費でハンコを購入しようとしたことがあったが、ハンコは個人所有物として他の用途にも使用できるから、という理由で研究費での執行が認められなかった。それを言えばパソコンだってそうなのだが、ハンコそのものに所有者／使用者の名前が刻まれているため、個人への帰属性がより高いという判断なのであろう。パソコンは研究室のメンバーで共用できるが、ハンコを共用できるのは同姓の人物のみである。

しかし、そうであれば大学に提出する書類に、捺印の代わりにサインをも認めてほしいものである。現状では外国人教職員のみサインの使用が認められており（もちろんハンコも可）、日本人教職員にはその自由がない。サインをするためのペンは汎用で、私用にも公用にも使えるが、そちらは研究費から支出できる。こういった状態は甚だ不公平ではないだろうか。ペンは忘れたら他人のものを一時的に借りれば済む。しかし同姓でない限りハンコを借りるわけにはいくまい。

昨今、大手の銀行が本人認証の手段をハンコからサインへと変更するというニュースもしばしば目にする。宅配便の受け取りはすでに受領印の代わりにサインで構わない。コロナ禍で、ハンコ文化の牙城であった政府ですらハンコレス化を推進している。日本社会は今、ハンコの使用に関して大きな変化を遂げつつあるのである。

円筒印章

外国でもハンコが用いられているのだろうか。少し前になるが、中国の杭州にある大学から研究者と学生が筆者の勤務先にやって来ることになった。来日ビザの関係で先方から求められた招聘状には、こちらからの公印が必要とあった。こちらでは研究科委員長名で招聘状を作成したのだが、事務方で手違いがあり、研究科委員長の私印を捺して郵送してしまった。結局これでは駄目だということで、改めて公印を捺したものを送って無事にビザの発行に漕ぎつけたのだが、公印を求めたのはどうやら中国の大学側ではなく日本の領事館だったようである。現代の中国はサイン社会になってしまっている（決済にはサインどころかＱＲコードの方がはるかに頻繁に用いられている）。

いずれにしても日本のハンコの起源が中国にあることは疑う余地がない。福岡県の志賀島で見つかったとされる「漢委奴国王（かんのわのなのこくおう）」という金印はあまりにも有名である。これは中国の漢王朝が当時「倭（わ）」と呼ばれていた日本列島の中の「奴国（なのくに）」の王に下賜した品と考えられている。

中国に行くと、名前を石に彫ってくれる土産物屋が多数ある。日本のように実用品として使われることはあまりないようだが、今でもハンコは伝統文化として中国に根付いているようである。

アッシリアの円筒印章（紀元前９～８世紀、ルーヴル美術館蔵）

中国で使われているハンコは日本のように下側の印面に朱肉等をつけて上から捺すタイプのものであるが、古代の西アジアにはこれとは異なるタイプのハンコが存在した。これらのハンコは成人の小指ぐらいのサイズのものが多く、その名の通り円筒形をしている。印面は日本や中国のハンコとは異なり、円筒の側面部分で、そこに様々な意匠や文字が刻まれている。紙ではなく粘土板に捺すため、朱肉は不要であった。まだ粘土が固まる前の柔らかい粘土板の上を転がして捺すのである。

平面の印面を持つ印章に比べると円筒印章の方がコンパクトで、持ち運びにも便利であった。高価な石の素材で作成された印章も多いことから、実用的価値に加え、ステータスシンボル的価値をも有

印章の捺された楔形文字文書粘土板（紀元前20〜19世紀、メトロポリタン美術館蔵）

していたことが想像される。上部に紐を通す穴が設けられ、首にぶら下げて持ち歩かれることもあったようである（創世記38章も参照）。やがてそれは貴金属と組み合わせた指輪に発展していった。

契約社会

家賃契約、雇用契約、携帯電話の契約などに代表されるように、現代社会は契約社会である。パソコンのソフトウエアを初めて使用する際に読まされる「使用許諾」なるものもある。「クリックすると同意したものとみなされます」とあるので、これらも契約の一種と言えるだろう。商取引もまた、双方が同意した契約と言えよう。実際に金銭をやり取りする場合も当然商取引だが、クレジットカード情報を使った手軽なネットショッピングも商取引に違いない。

実は、今から二〇〇〇年以上前の古代の西アジアも契約社会であった。結婚、土地の贈与、遺産相続、商取引、こういった事細かな契約を記した粘土板の「契約文書」が、未解読のものを含めて何十万点と発見されている。

これら多くの契約文書には、契約の結ばれた日付、契約を結ぶ当事者たちの名前と捺印と並んで、さらに複数の証人たちの名前と捺印もある。文字による記録を残し、当事者以外に証人を立てるということは、契約を履行する上で非常に重要である。人間の記憶は時として曖昧であるし、現代同様、双方が自分の都合のよいように取引内容を解釈したり、時には内容そのものを改ざんしたり捏造したりしてしまう危険性もある。契約文書を作成し、そこに証人たちの捺印ももらうというのは、都市化の過程で様々な商取引が盛んに行われるようになった結果生まれた生活の知恵と言えよう。

権威のしるし

本章冒頭の創世記の記述は、兄弟たちに売られてエジプトにたどり着いたヨセフが、ファラオの夢の解き明かしによって立身出世した様子を描いたものである。この場面は、ヨセフがファラオからの厚い信頼を勝ち得たことを雄弁に物語っている。文書に為政者の捺印があることは、その文書の内容が為政者の認可を得たこと、すなわち「お墨付き」が与えられたことを証しする。

ヨセフがファラオからこの指輪を預かったということは、とりもなおさず、全エジプトが事実上ヨセフの支配下にあることを意味する。こうした描写は、やがて暗転するイスラエルの人々の運命と対照的である。ヨセフのことを知らないファラオが登場し、イスラエルの人々を虐げ始めるからである。

先述の通り、筆者が勤務先に提出する様々な申請書も、「長」のつく役職を持った様々な人が回覧し、捺印をして初めて認可される。出張などはまさにその身近な例で、申請用紙には、学部長、学科長などが捺印する「決裁欄」がある。さらにそれらは教授会と部長会（総長と諸学部長らが構成する議決機関）それぞれでその出張が決定された日付を記入する欄、さらに「回覧・処理欄」という教務部長、教務事務センター課長、人事部長、人事課長らの捺印欄、旅費担当者の捺印欄も並ぶ。精査の上、出張内容が認められる場合はそこに捺印されるのである。会社で偉くなると毎日ハンコを大量に捺すのが仕事になるとよく聞くが、それはあながち嘘ではなかろう。学科長であれば自分の学科の成員の出張書類だけでよいが、学部長であれば学部の教員全員の書類に目を通さねばならないからである。

さて、エステル記には、指輪の持つこうした権威を描写する記述がある。

こうして第一の月の十三日に、王の書記官たちが召集された。彼らは、王の総督たち、各州の長官たち、および各民族の長(おさ)たちに宛てて、ハマンが命じたことをすべて書き記した。それは各州にはその書き方で、各民族にはその言語で、クセルクセス王の名によって書き記され、王の指輪で印が押された。

（エステル記3章12節）

「あなたがたはユダヤ人について、あなたがたがよいと思うように王の名によって書き、王の指輪で印を押すがよい。王の名によって書かれ、王の指輪で印を押された書面は、撤回することができないからである。」（中略）モルデカイはクセルクセス王の名によって書き記し、王の指輪で印を押した。そしてその文書を、王家の飼育所で育てられた御用馬である早馬に乗った急ぎの使者たちに託して送った。

（エステル記8章8、10節）

広大なペルシア帝国を治めるクセルクセス王の指輪による捺印は帝国内で絶対的な権威を持っていた。エステル記では、最初はユダヤ人の敵ハマンが、物語の結末ではユダヤ人モルデカイが、それぞ

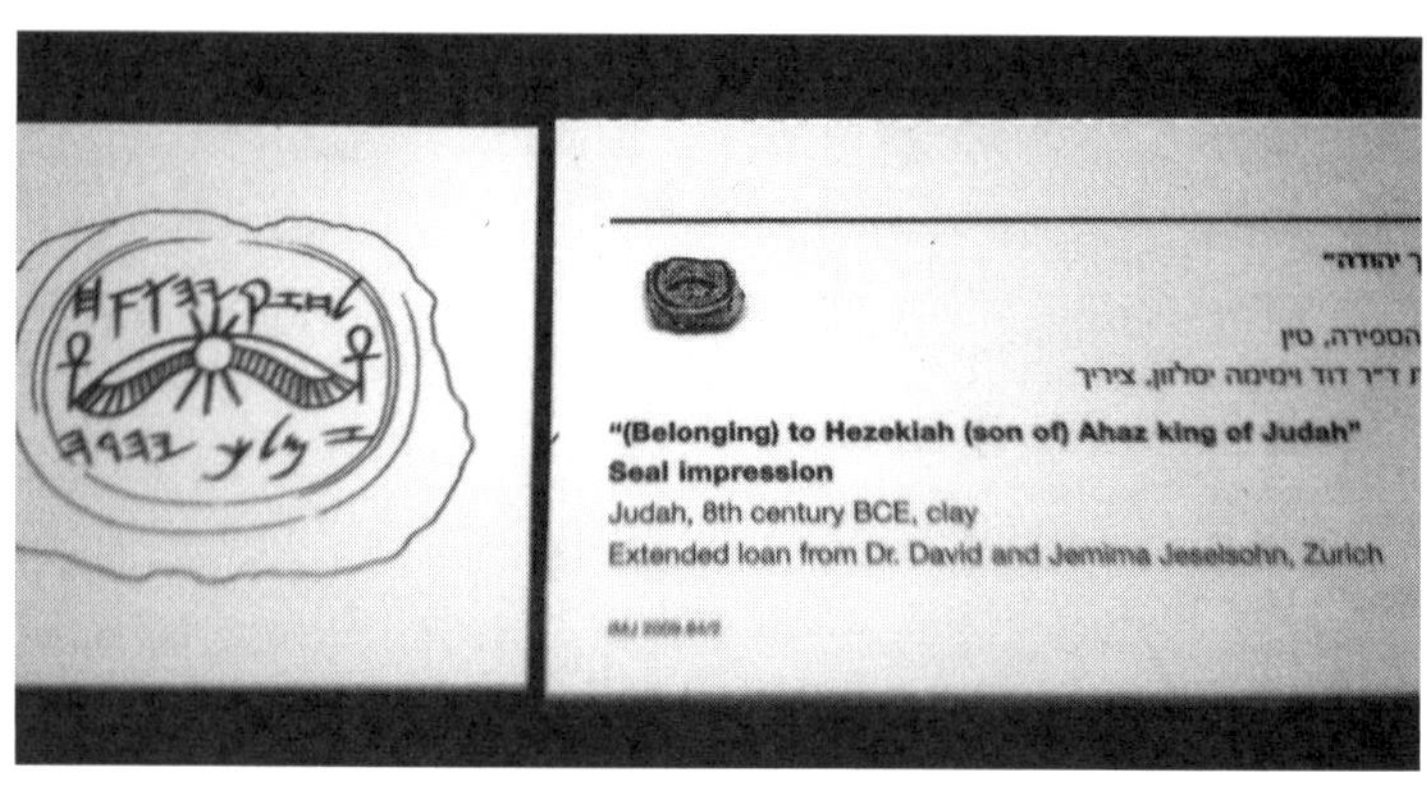

ヒゼキヤの印影のある封泥（紀元前８世紀、ユダ出土、イスラエル博物館蔵、筆者撮影）

れ許可を得て王の指輪を用い、「敵」に対する王の布告を自由に出す様が描かれている。指輪はそれを持つ者が有する絶大な権威を象徴しているのである（列王記上21章8節、ダニエル書6章18節も参照）。

聖書では、天の王すなわち神と、地上におけるその支配の代理人たる人間の王との関係を表す比喩表現にも指輪が用いられている。

> 私は生きている——主の仰せ。たとえ、ユダの王、ヨヤキムの子コンヤが私の右手の指輪であっても、私はあなたを指から抜き取る。（エレミヤ書22章24節）

> 「万軍の主の仰せ——その日には／シェアルティエルの子ゼルバベルよ／私はあなたをわが僕（しもべ）として迎え入れる／——主の仰せ。／私はあなたを私の印章とする。／私があなたを選んだからだ——万軍の主の仰せ。」（ハガイ書2章23節）

封球とトークン（紀元前4千年紀、スサ出土、ルーヴル美術館蔵）

円筒印章の捺された粘土板封筒（左）と中身の粘土板書簡（右）（前1800年頃、ペルガモン博物館蔵）

これらの箇所では、ユダの王コンヤ（イェホヤキン）とユダの総督ゼルバベルが、それぞれ主の指輪／印章として描かれ、神によって地上の支配を託された権力者として描写されている。

エルサレムの発掘では、王国時代の王や高官のものと思われる指輪の印影が見つかっていることから、実際にこうした指輪の印章が粘土に捺されていたことは確かであろう。

封泥と文字の誕生

印影の残る粘土を「封泥（ふうでい）」と呼ぶ。パレスチナ各地の遺跡からは円筒印章をはじめ多くの印章や封泥が見つかっている。これらの印章、特にハンコタイプのものは、粘土板文書だけでなく、朱肉のようなものを使って羊皮紙やパピルスにも捺されたのかもしれない。しかしそうした例は見つかっておらず、見つかるのは封泥だけである。

現在では、手紙を書いて封筒に入れた後、封筒を糊付けすることによって封をしたことになる場合が多い。しかし今でも重要な文書などには「厳封」という割印を捺すなど、厳重に封緘せねばならないことがある。これは、手紙が差出人の手元を離れてから受取人の手に渡るまで、誰も開封していないことを示すための証しである。簡易なものとしては「〆」のサインもよく用いられている。ヨーロッパなどでは今でも蜜蝋を垂らしてその上に印を捺すこともある。まさに「封印」である。ちなみに「シール」（seal）という言葉はもともと封印という意味であった。ヨハネの黙示録で次々と解かれる七つの封印も、それまで誰も開封したことのない巻物を印象づける。

手紙を粘土板文書で記した時代には、封筒もまた粘土板で作成され、封筒に差出人の印章が捺された。開封するためには封筒自体を物理的に破壊しなければならなかったため、中身を一度読んで封筒に戻し、封筒にもう一度、封印した差出人の円筒印章を転がすなどという芸当はなかなかできなかったことであろう（イザヤ書29章11節参照）。

最も古い封印の例は、新石器時代にまで遡る。植物で作成した籠を縄で結び、籠に大切な品物を入れた後、紐で結んでその結び目に泥を使って封印をしたのである。封泥を見れば、籠とその中身の所有者がひと目でわかる仕組みである。

やがてこの封泥が、世界最古の文字である楔形文字の誕生に大きく寄与することになった。メソポタミアでは紀元前八〇〇〇年頃から紀元前三〇〇〇年頃まで「トークン」と呼ばれる、大きさが一～三センチメートルほどの様々な形をした粘土の塊が財の管理に使われていた。トークンは実体のあるモノの象徴とされる。例えば三ユニット（三頭かもしれないし、三〇頭、三ダースかもしれない）の羊を誰かに貸した場合、羊が返されるまで、債権者は羊を表す三つのトークンを大事に保管したのである。やがて債務者が返す羊の数をごまかさないよう、粘土でつくった中空のボール（封球）にトークンを入れて封印し保管するようになった。

しかし、中身を確かめるためには封球を一度壊さねばならない。これでは不便なので、封球の表面にトークンの圧痕をつけることが始まった。そうなるともはや中にトークンを入れる意味がない。表面を見れば、中に何がいくつ入っているかわかるからである。そこでさらに段階が進むと、封球にトークンの押印と円筒印章による封印だけが捺されるようになった。さらにトークンの代わりに線描文字が封球に刻まれるようになり、それらが表意文字である楔形文字の先祖となった、というのである。楔形文字の出現過程を説明するこの説は、今日有力視されている。

ＬＭＬＫ印影

パレスチナ南部の諸遺跡から見つかる多数の印影には有翼のスカラベとＬＭＬＫというヘブライ文字が刻まれているものがある。ＬＭＬＫはヘブライ語で「王のもの」を意味する。印影は大型の壺の把手部分に捺されており、そこにはまたヘブロンなど、ユダの都市名が記されていた。

これらの印影を詳細に研究したＤ・ヴァンダーホーフトとＯ・リプシッツは、これらが紀元前八世紀末〜七世紀の南ユダ王国の税システムと関連があるものと結論した。壺の内容物はオリーヴ油やワインなど、税として国家すなわち国王に納められるものと考えられよう。これらの印影が捺された壺

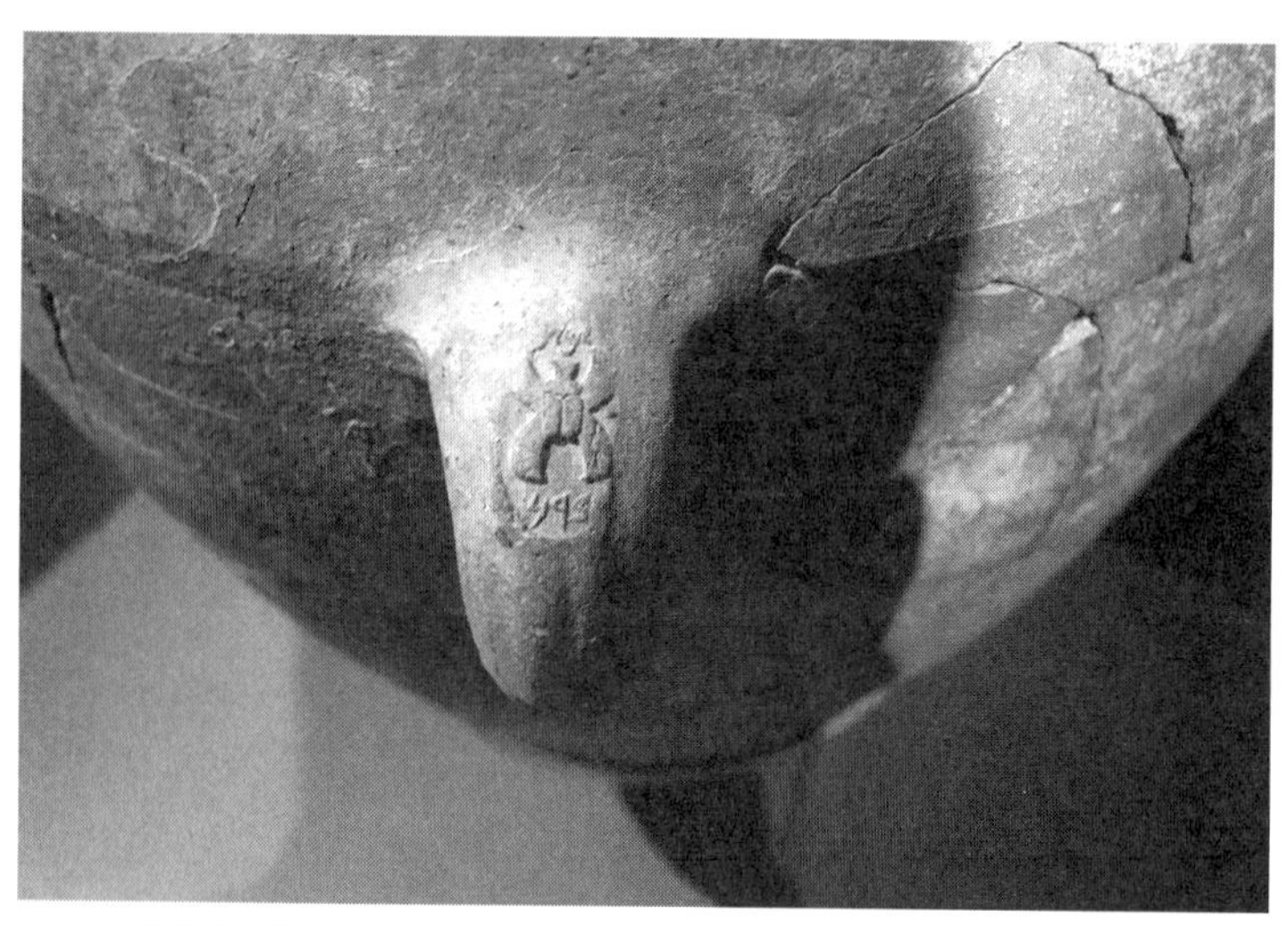

LMLK 印影（有翼スカラベの上に「LMLK」、下に「ヘブロン」を示す文字、紀元前 8 世紀末、ラキシュ出土、イスラエル博物館蔵、筆者撮影）

の容量がほぼ一定であることは、当時きちんとした計量システムの下に徴税が行われていたことを示している。土器に使われる粘土の成分分析結果は、これらの印影のある壺がすべて同一の地域、おそらくは同一の場所で制作されていたことを教えてくれる。

ＬＭＬＫの印影に使われている有翼のスカラべはユダ王家の紋章であったと考えられている。先述の二人の研究者はヒゼキヤ王こそこの徴税システムを始めた人物とみなしている。古代エジプトでは糞を球状にして転がすスカラべは、太陽の運行を司るケプリ神と同一視されて神聖視され、盛んに壁画に描かれたり印章の意匠に用いられたりした。有翼のスカラべがユダ王家の紋章に現れることは、同王国が新アッシリアに服属していた時代も、少なくとも文化的にエジプトと強い結びつきを持っていたことをうかがわせる。

愛のしるし

「愛のしるし」と言ってもＰＵＦＦＹやスピッツの歌の題ではない（その歌によると「理由（わけ）もないのに輝く」のが「愛のしるし」だそうである。わからない読者諸賢には申し訳ない）。

粘土に一度捺印してそれが固まると、印影はなかなか消えない。現に今から数千年前の印影が封泥に残ってそのまま出土する。古代の人は印章が個人所有のものであること、そしてそれによって捺された印影が長くその形を留めることを経験と観察から知っていたに違いない。そこで印章は激しい愛の表現としても聖書に登場する。

印章のように、私をあなたの心に／印章のように、あなたの腕に押し付けてください。／愛は死のように強く、熱情は陰府（よみ）のように激しい。／愛の炎は熱く燃え盛る炎。（雅歌８章６節）

愛する人の心や身体に、消えぬ印影として自分を捺してほしいと切に望む熱い気持ちが、本章を読んだ読者諸賢に具体的なイメージとして少しでも伝わることを願う。

16 契約

しかし、神は彼らを責めて、こう言われました。「『その日が来る。私はイスラエルの家、およびユダの家と新しい契約を結ぶ』と主は言われる。」

（ヘブライ人への手紙８章８節）

装置としての契約

前章で印章について論じた際に「契約社会」についても触れた。契約社会のはじまりは古くメソポタミアにまで遡ることができる。西アジア一帯で粘土板に楔形文字で契約内容を記した文書が数多く見つかっている。

契約というシステムは、人同士の約束事を記録し、それをきちんと履行して社会を円滑に進めていくための装置として発明され、機能してきた。約束が履行できないと、様々な困ったことが生じる。そのため、約束が履行されない場合の罰則的な条項も契約書には盛り込まれる。それは古代においても同じであった。

現代社会では、契約に違反した側が違約金を払うなどの罰則が設けられている。違約金と言うと、覚せい剤保持・使用の容疑で逮捕された俳優たちが、イメージ悪化を理由にコマーシャル広告やドラ

労働者の給金を記した粘土板文書（紀元前22～21世紀、ルーヴル美術館蔵）

マから降板し、それがために彼らの所属事務所が関係各社に莫大な違約金を請求されるというニュースが一時期相次いだことを思い出す。

古代メソポタミアにおける結婚

古代のメソポタミアにおいては結婚もまた法的契約であり、結婚も離婚も法的な手続きのもとに行われた。古代メソポタミアの結婚契約を記す粘土板文書を読むと、女性には自分の結婚相手を選ぶ機会はほとんどなかったことがわかる。彼女の父親と相手側の男性とが合意すれば結婚が成立したのである。

文書は、離婚時に支払われる「違約金」についても記している。こうした契約によれば、多くの場合、結婚成立時に男性が女性の父親に支払った金額が離婚時に彼女に支払われた。また、子がないまま女性が死亡した場合にも、彼女の父親は男性に同じ金額を返済する義務を負った。こうした点にのみ着目すると女性はあたかも子孫を設けるための道具とみなされていたように見える。男性が先に死亡した場合、女性は彼の兄弟と結婚すると定める契約もあった。もし彼に兄弟がいない場合、彼の近親の一人と結婚することが求められた。つまり、一度結婚すると女性は男性側の一族の所有物となったのである。このシステムは「レヴィラート婚」と呼ばれ、聖書中にも次の箇所に見ることができる。

兄弟が共に住んでいて、そのうちの一人が死に、子がなかった場合、死んだ者の妻は家を出て、他の者の妻になってはならない。その夫の兄弟が彼女のところに入り、彼女をめとって妻とし、兄弟としての義務を果たさなければならない。彼女の産んだ長子に死んだ兄弟の名を継がせ、その名をイスラエルから絶やしてはならない。（申命記25章5—6節）

ルツ記の物語で、ルツがボアズと結婚したのはこのレヴィラート婚の掟に基づいている。ヨルダン川東岸のモアブの地でイスラエル人の夫と暮らしていたモアブ人女性ルツは、夫の死後、夫の母ナオミと共に夫の故郷に移住し、そこで夫方の親戚である男性ボアズと出会う。すでに夫の兄弟もモアブの地で死んでいたため、ボアズは親戚として、ナオミの夫の家を絶やさぬ責任のある男性の一人に数えられた。しかしボアズよりもルツの夫に近い親戚の男性がいたため、ボアズはまずその男性にルツを買い戻す責任を果たすかどうか尋ねる。尋ねられた男性が責任を放棄すると公に宣言したため、ボアズがルツと結婚することになったのである（ルツ記3章9節—4章13節）。

エジプトとヒッタイトの間で結ばれた平和条約（紀元前1258年、イスタンブル考古学博物館蔵）

古代メソポタミアにおいては、こういった親族間での「再婚」が成立しない場合、女性の父親は、女性が結婚前と結婚期間中に男性から受けたすべての贈物を弁済した。その後彼女は父親の家に戻ることとなったようである。

条約

国と国との契約は条約と呼ばれる。古代の西アジアにも平和条約など様々な条約があったことが、文書資料の発見と解読を通して明らかにされている。

ただし、古代西アジア世界における条約には、現代世界における条約と異なる点もあった。国と国との契約とはいえ、それは基本的に王と王との契約という形を取っていたのである。今日でも、条約は各国の代表者によって調印される。しかし代表者が変わると直ちに条約が無効になるわけではない。そうだとしたら日本は首相が変わるたびに諸外国と再度条約を結ばねばならなくなってしまう。

他方、古代の西アジアにおいて国々の間の取り決めは、それを結んだ王のどちらかが死ぬと破られることがあった。王権の交代に当たり、先王の結んだ条約内容が確認されたのだろう。実力のない新王が即位した場合、それ以前の不可侵条約が事実上破棄されて攻め込まれるということもあったようである。

アッシリアなど、巨大な帝国の王は支配下の多くの属国の王たちと個別に主従関係を結んでいた。こうした大国において王が急死した場合などにクーデターが頻発しているのは、先述したような背景があってのことだろう。北イスラエル王国がアッシリアと条約を結んでいたらしいことは聖書にも言及されている（ホセア書12章2節）。

後継者条約と申命記

紀元前七世紀のアッシリアの王エサルハドンは、家臣や属国の王たちと「後継者条約」と呼ばれる条約を結んでいた。条約文書には、彼の世継ぎであったアッシュル・バニパルへの忠誠を求めるくだりがある。自身が王位継承争いに苦しんだエサルハドンは、息子に同様のことが起こらぬよう周到に準備したものと思われる。

この条約は聖書、とりわけ申命記との比較の上で非常に興味深い。条約文書の冒頭には、この条約

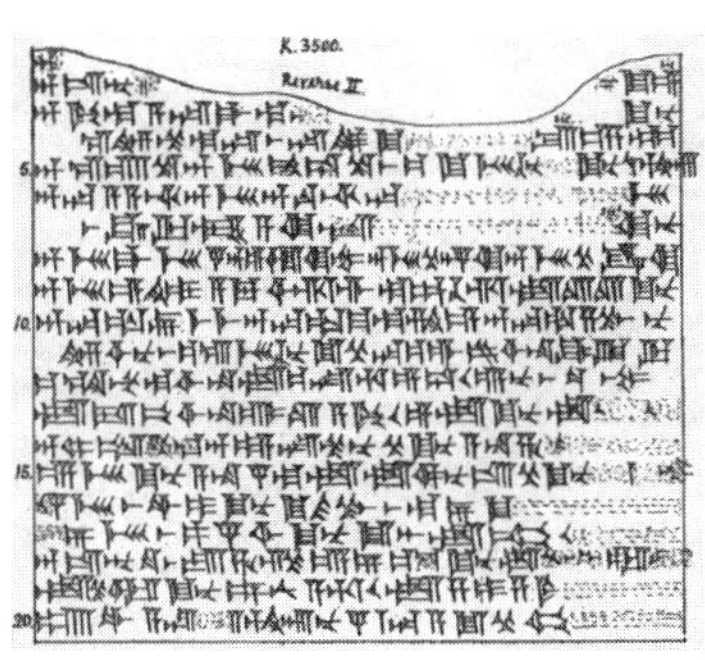
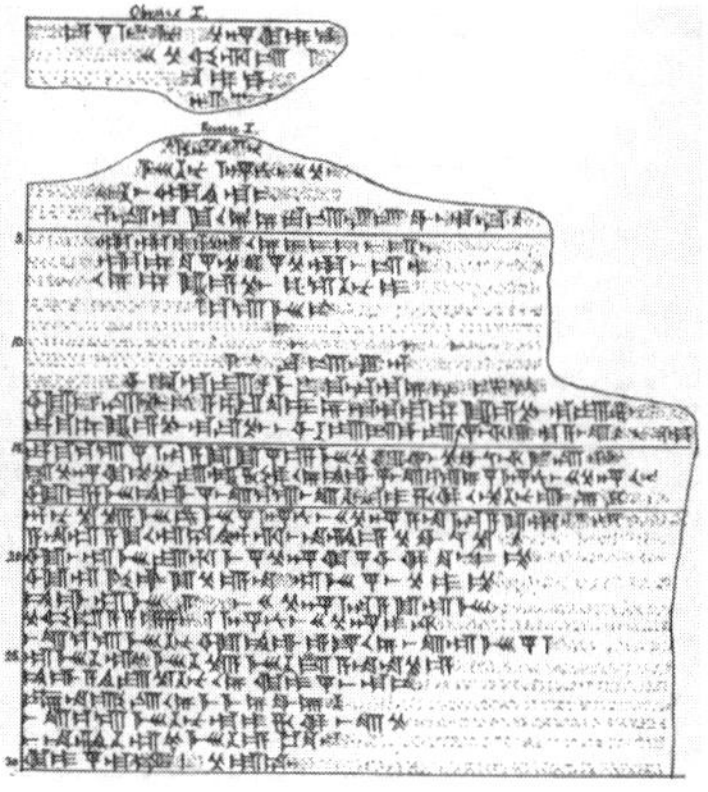

エサルハドンの後継者条約の記された粘土板文書（大英博物館蔵）

の締結と履行を証人（証神？）として見守る神々の名が書き連ねられている。条約の帰結部には、条約内容を破った時に冒頭で列挙された神々がもたらす様々な災いが長々と記され、エサルハドンがいかにこの条約の遵守を重視していたかがうかがえる。

申命記では、モーセが神から授かった律法の内容が記された後、28章においてこの律法を守る者へのごく短い祝福の記述と、それを破った者への長大な災厄の記述が続く。申命記に続くヨシュア記から列王記は、イスラエルの民が歴史の中でこの律法をいかに破り、その結果いかに彼らに災いが下ったかを記す書物となっている。この歴史物語は列王記の最後でエルサレムが征服され、その神殿が破壊されて人々がバビロニアへと連行される描写でクライマックスに達する。これらの書物の編纂者は、イスラエルの民の歴史を、律法への従順と不従順という見地に立ってまとめた。律法遵守の重要性を人々に説くための歴史叙述と考えてよいだろう。

近年の研究で、申命記28章20―44節に記された呪いの描写の大部分は、先述のエサルハドンの後継者条約から借用された可能性が高いことが明らかになっている。紀元前七世紀、南ユダ王国はアッシリアの属国であり、エサルハドンの支配下にあった。やはりアッシリアの属国の都であったトルコ南東部の遺跡で見つかった神殿からこの条約を記した粘土板が出土したことを考えると、エルサレムの神殿にもエサルハドンの後継者条約が記された粘土板が安置されていた可能性が十分にある。

申命記6章5節には「心を尽くし、魂を尽くし、力を尽くしてあなたの神、主を愛しなさい」と、神に全身全霊で愛を献げるようにという命令が記載されている（10章12節、11章13節も参照）。エサルハドンの後継者条約には「あなたはあなた自身のように、あなたの主、アッシリアの王、エサルハドンの息子、大いなる皇太子アッシュル・バニパルを愛さねばならない」という命令が記されている。研究者らは、支配者が仕える者たちに単なる服従のみならず愛を求める点にも、この二つの文書の密接な関連性を見出している。

神との契約

このように契約は、古代の西アジア同様、古代イスラエル社会においても非常に重要な概念であった。イスラエルの民と神との関係も契約として語られている。神はイスラエルの民をエジプトでの虐げられた状態から導き出し、それを目の当たりにした民は神と契約を結ぶのである。契約ではこの神ヤハウェがイスラエルの民の神となること、そして民は神の律法に従うことが求められている。その場面を読んでみよう。

そして、その契約の書を取り、民に読み聞かせた。すると彼らは、「主が語られたことをすべて行い、聞き従います」と言った。

（出エジプト記24章7節）

神と人との関係の基盤に契約という概念があることが、聖書における信仰の最大の特徴の一つと言えよう。そもそも、神がイスラエルの民をエジプトから救い出そうと考えたのも、かつて神自身が結んだ契約を思い起こしたことによる。

神はその呻きを耳にし、アブラハム、イサク、ヤコブとの契約を思い起こされた。

（出エジプト記2章24節）

もっとも、この箇所については、呻き声を耳にするまでは契約のことなど顧みられなかったという解釈も可能である。アブラハム、イサク、ヤコブとは古代イスラエルの民の先祖とされる人物たちで、神が彼らと契約を結んだことは、例えば創世記15章などに記されている。

神と契約を結ぶとは、その神を崇拝する見返りに、その神から何らかの恩恵を期待することだったのだろう。イスラエルの民はヤハウェのみならず他の神々と契約を結ぶことも可能と考えられていた（出エジプト記23章32節参照）。

そして神と人とが契約を結ぶという考え方は、イエス信仰のはじまりによって消え去ることなく、契約締結者と内容が更新された上でキリスト教へと引き継がれていく。本章冒頭で紹介したヘブライ人への手紙によれば、神とイスラエルの民との間の契約は「古い契約」であり、それに取って代わる「新しい契約」が神とイエスを信じるすべての人々との間で結ばれたと説明する。

神は「新しい契約」と言われることによって、最初の契約を古びたものとされたのです。年を経て古びたものは、間もなく消えうせます。（ヘブライ人への手紙8章13節）

虹の契約

契約を結ぶ際には、何らかのしるしを伴うことがある。ヤコブは叔父ラバンのもとから逃れた後、彼と和解の契約を結ぶ。二人はその時にお互いの間に石塚を築き、そこで共食したとされる（創世記31章44—54節）。石塚は互いが敵意をもってその境界を越えないようにするためのしるしとなった（52節）。

神と人との間の契約にも、目に見えるしるしが設けられることがあった。創世記によれば、人類と神との間の最初の契約は、神は二度と洪水で地を破滅させることはない、というものだった。

「私は今、あなたがたと、その後に続く子孫と契約を立てる。また、あなたがたと共にいるすべての生き物、すなわち、あなたがたと共にいる鳥、家畜、地のすべての獣と契約を立てる。（中略）あなたがた、および、あなたがたと共にいるすべての生き物と、代々とこしえに私が立てる契約のしるしはこれである。私は雲の中に私の虹を置いた。これが私と地との契約のしるしとなる。」

（創世記9章9―13節）

そしてこの「しるし」は神が契約を思い起こすきっかけになると説明される。

「私が地の上に雲を起こすとき、雲に虹が現れる。その時、私は、あなたがたと、またすべての肉なる生き物と立てた契約を思い起こす。大洪水がすべての肉なるものを滅ぼすことはもはやない。雲に虹が現れるとき、私はそれを見て、神と地上のすべての肉なるあらゆる生き物との永遠の契約を思い起こす。」

（創世記9章14―16節）

ここでは神が雲を起こす、すなわち雨をもたらす存在であるとされる。さらにこの箇所は、神が雨をもたらす際に虹を見て、もう大洪水をもたらさないという契約を結んでいたことを思い出す、というのである。度を超した雨は降らせないということを指すと思われる。しかし虹は通常、雨が上がった後に晴れ間がないと現れることはない。ということは、神が雲を起こして雨を降らせる場合、一度晴れ間が現れない限りこの契約を想い起こさない可能性もある、ということになってしまう。それに、このようなリマインダーなしには約束を忘れてしまいかねないと告白する神は、人類としてはいささか心細い。

割礼と安息日

神殿があった時代、神との契約を象徴するものは二枚の石の板であった。

主はあなたがたに契約を告げ、あなたがたに行うよう命じられた。それが十戒である。主はその言葉を二枚の石の板に記された。（申命記4章13節）

神自身が記したとされるこの板は、「主の契約の箱」とも呼ばれる箱に入れられ、神殿の至聖所に安置された（列王記上8章6節）。この箱の存在が、王国時代においては神との契約のしるしとなっていたのだろう。もっとも、大祭司以外の人は、箱の中の板はおろかこの箱そのものを目にすることさえなかった（バビロニア捕囚の時にこの箱は失われたようで、その後一切の言及がない）。

創世記によれば、男子が生後八日目に受ける割礼が、人間にとって目に見える神との契約のしるしとなったという。

包皮に割礼を施しなさい。これが私とあなたがたとの間の契約のしるしとなる。（創世記17章11節）

しかし先ほどの虹の契約に比べ、こちらはさらに心許ない。まず、割礼は虹と違い、人間が施すものである。女性が割礼を目で見る機会は限られていたかもしれない。神は見ようと思えば見えるのかもしれないが、実際に割礼を見てこの契約を思い起こすのかどうか甚だ疑問である。実際、出エジプト記には、神がアブラハムとの契約を思い起こしたのは人々の呻きを聞いたから、とあった。となれば割礼は神が契約を思い起こすためのものではなく、人、しかも主に男性がそれを思い起こすために施されたのだろう。契約のしるしというよりもイスラエルの民が守らねばならない契約そのものの一つと言える。

割礼以外にも、神から与えられ、履行が求められた契約はあった。安息日もまた、人が神との契約を思い起こす上で役立ったかもしれない（出エジプト記31章16節）。しかしその逆はなさそうである。むしろこれらの契約は、諸国民の中で暮らすようになったバビロニア捕囚時代において、古代イスラエルの民が、彼ら独自のアイデンティティを見かけ上も保持するために機能したように思われる。

契約と血

契約締結には、犠牲が伴うことがあった。出エジプト後にイスラエルの民と神が契約を結んだ時、神に犠牲が献げられた（出エジプト記24章5―7節）。この時、犠牲獣の血の半分は祭壇に、残りの半分は民の上に振りかけられている。その記述を読んでみよう。

そこで、モーセは血を取り、民の上に振りかけて言った。「これは、主がこのすべての言葉に基づいてあなたがたと結ばれる契約の血である。」
（出エジプト記24章8節）

「契約を結ぶ」というヘブライ語表現の「結ぶ」という動詞カラト（כרת）は、元来「切る」を意味する動詞である。契約の際に犠牲獣を切り分けたのが、この動詞が使われる理由なのかどうかはわからないが、契約と血とを関連あるものとして考える際に興味深い。日本でも「血判」といって、誓いの証として署名の下に指を切った血で捺印する風習があった。

キリスト教信仰において、イエスが十字架に架けられて流した血こそ、「新しい契約」の時に必要とされた「契約の血」なのである。

そして、イエスは言われた。「これは、多くの人のために流される、私の契約の血である。」

（マルコによる福音書14章24節）

17 音楽

主は私を救ってくださる。私たちは、命あるかぎり主の家で音楽を奏でよう。

（イザヤ書38章20節）

キリスト教と音楽

筆者の職場である立教大学大学院キリスト教学研究科には、キリスト教音楽専門の教員が在籍している。研究科では「オルガン演奏法」「合唱・聖歌隊指導法」「声楽基礎演習」「会衆賛美論演習」「教会音楽史演習」など多彩な授業が展開されており、キリスト教音楽研究を志して大学院の門を叩く受験生も少なくない。聞くと、全国でもキリスト教音楽を専門的に研究できる大学院は他にほとんどないそうである。

キリスト教と音楽とは密接に関係している。教会に一度も足を踏み入れたことがなくても、「きよしこの夜」などといった賛美歌をクリスマスの時期に耳にしたことのある人は少なくないだろう。賛美歌は神を賛美するためにつくられた音楽である。少なからぬクラシック音楽もまた、キリスト教との密接な関係の中で生まれた。

歌うこと、楽器を奏でること、そして踊ることは、古来、人間感情の積極的な表現形態であった。

人間感情と決して無縁ではない聖書にも、音楽と関連する表現や描写が頻出する。面白いことに、コリントの信徒への手紙一14章7節などを除き、新約聖書には音楽に関する記述がほとんどない。この理由を聖書の成立時代・社会背景の違いに帰するべきか否かについては意見が分かれるところだろう。少なくとも、新約聖書の筆者たちは旧約聖書の筆者たちに比して、音楽にそれほどの重きを置いていないように見える。

賛美

聖書中、音楽に最も多く言及するのは神への賛美の場面だろう。バビロニア捕囚から戻った人々がエルサレムに再建した神殿には、神を賛美するための職業的合唱隊があったとされる。言ってみれば今日の聖歌隊のようなものだろうか。

> エルサレムの城壁の奉献に際し、人々は、あらゆる所からレビ人を探してエルサレムに来させ、感謝の祈りと、シンバルや竪琴や琴に合わせた歌をもって奉献式と祝典を執り行おうとした。
> （ネヘミヤ記12章27節）

聖書に記される神への賛美は枚挙に暇がない。これは聖書という書物の性質に依るものだろう。例を二つ見てみよう。

その時、モーセとイスラエルの人々はこの歌を主に歌った。／「主に向かって私は歌おう。／なんと偉大で、高くあられる方。／主は馬と乗り手を海に投げ込まれた。」（出エジプト記15章1節）

ミリアムは人々に応えて歌った。／「主に向かって歌え。／なんと偉大で、高くあられる方。／主は馬と乗り手を海に投げ込まれた。」（出エジプト記15章21節）

これら二つの歌はいずれも、出エジプトの時に神に向かって歌われた歌として出エジプト記に載せられている。どちらも戦勝の喜びもしくは祝いの歌である。特に15章21節の方は、聖書中最も古い歌の一つと考えられている。

本章冒頭のイザヤ書からの引用も、神の救いを讃え、音楽を奏でようという感情の発露であり、賛美と音楽とが切り離せない関係であることを示している。日本では、神社などで神楽が奉納されることがあるが、これもまた同様の発想に由来するのだろうか。

音楽と喜び

音楽は古来、様々な喜びの場面でも演奏されてきた。日本では収穫や大漁を祝う祭りの時などに祭囃子が演奏される。古代の西アジアでも同様に、年中行事の祝祭や喜びの席である宴会において音楽はつきものであった。聖書から二つ関連箇所を読んでみよう。

エルサレムにいるイスラエルの人々は七日間の除酵祭を祝い、大いに喜んだ。レビ人と祭司たちは、毎日、強力な楽器を主のために奏でて、主を賛美した。（歴代誌下30章21節）

彼らの宴席には、琴と竪琴／タンバリンと笛、そしてぶどう酒がある。（イザヤ書5章12節）

音楽と戦争

音楽は戦争とも無関係ではない。多くの軍隊には今でも軍楽隊が存在する。兵士たちの士気を高めたり、疲れた心を癒したりといった働きの他、進軍ラッパのように隅々まで響き渡るような合図としての効果も期待されていた。聖書の中では羊の角からつくる角笛がこうした役割を担っている。

そこで、ヨアブが角笛を吹いたので、兵は全員立ち止まり、もはやイスラエルを追うことをやめ、それ以上戦いを繰り返さなかった。（サムエル記下2章28節）

また、戦勝の喜びを音楽で表現することもあった。

さて、ダビデがペリシテ人を討って、軍勢と共に帰って来たとき、イスラエルのあらゆる町から女たちが出て来て、タンバリンを打ち、喜びの声を上げ、三絃琴（さんげんきん）を奏で、歌い踊りながらサウル王を迎えた。女たちは楽を奏で、歌い交わした。／「サウルは千を討ち／ダビデは万を討った。」

（サムエル記上18章6―7節）

この場面は、サウルとダビデがペリシテ人との戦いに首尾よく勝利し、凱旋してきた場景を描いている。戦勝を祝うべく、戦いに出ていなかった女性たちが音楽を演奏し、歌い、また踊って軍勢を迎えたという描写である。息子、夫、そして父が戦場から無事に帰ってきたことを喜ぶ女性たちの典型的なジェンダー役割を描いているという見方も可能であろう。

むろん、凱旋といった特定の場面で奏でられる音楽は儀礼化していくものである。歌われた歌の中にサウルとダビデへの言及が入ったという記述は、仮にこのくだりが創作であるとしても、その戦いで活躍した人物の名前を入れるという定型化した慣習を反映しているのかもしれない。

つまり、もともと自然の感情の発露として生まれた音楽は、音楽技法の伝統が形成されていく過程で様式化し、言語のように文法を持つようになったと言うことができよう。そして今度は、ある程度の規範を持ったその言語を用いてその枠内で表現を楽しむという方法が取られるようになっていく。そしてとりわけ上層階級が独占した音楽は権威と結びついて複雑化し、伝統の色が一段と濃くなったであろう。逆にこの文法を壊したところに、反体制として二〇世紀半ばに台頭してきたロックの特徴がある。

音楽と宮廷

さて権威と結びついた音楽は、権威を高めるための道具として用いられるようになった。宮廷における様々な儀礼の際に音楽が奏でられるようになったのである（日本でも宮内庁に雅楽部というものが存在する）。例えば、王の即位の際には角笛が吹き鳴らされ、広く民にその即位が告げられた。

祭司ツァドクは、天幕から油の入った角を取り出し、ソロモンに油を注いだ。彼らが角笛を吹き鳴らすと、民は皆、「ソロモン王、万歳」と叫んだ。民は皆、彼の後に付いて上（のぼ）った。民は笛を吹き鳴らし、大いに喜び祝った。地はそのどよめきで裂けんばかりであった。

（列王記上1章39―40節）

宮廷における音楽は儀礼のためだけでなく、もちろん宴会でも供された。コヘレトの言葉の作者とされる人物は、自らの宮廷に歌手を雇い入れたと記している。

〔私は〕自分のために銀や金／王たちと諸州の財宝を集めた。／自分のために男女の歌い手をそろえ　人の子らが喜びとする多くの側女（そばめ）を置いた。

（コヘレトの言葉2章8節）

こうした歌手や演奏家、踊り子といった楽人たちは、王が臣下を招く宴会にも、また外国からの使節を招く接待にも呼び出された。そうした場面を描くエジプトの壁画も見つかっている。

こうした楽人たちは、その特殊技能ゆえに、征服されて祖国を失った際も外国の宮廷に仕えることによって生き延びることができた。アッシリアのような大帝国ともなれば、征服した多くの国々の楽人を宮廷に置き、宴の場でそれぞれの国の音楽を演奏させ、歌を歌わせることができた。宴に招かれた人々は、さながら現代のユーロヴィジョンのように「世界中」から集められた楽人たちによる音楽の国際性に目を見張り、アッシリア王の権威に敬服したのである。

こうした事情で故国を失い、新たな国に召し抱えられるようになった楽人たちは、自らの境遇をどのように感じたのであろうか。

バビロンの川のほとり／そこに座り、私たちは泣いた／シオンを思い出しながら。そこにあるポプラの木々に琴を掛けた。私たちをとりこにした者らがそこで歌を求め／私たちを苦しめる者らが慰みに／「我らにシオンの歌を一つ歌え」と命じたから。どうして歌うことができようか／異国の地で主のための歌を。

（詩編１３７編１―４節）

この有名な詩は、紀元前六世紀の初頭に滅ぼされたユダ王国の宮廷からバビロニアに連れて来られたユダの楽人たちの悲哀

朝食の合図に角笛を吹く学生ボランティア（2016年、テル・レヘシュ発掘調査現場、筆者撮影）

を歌ったものとされる。楽人たちすべてがこのように感じたかどうかはわからない。中には支配者であるバビロニア人に迎合し、ユダの音楽を奏でた人々もいたであろう。むしろだからこそ、こうした詩が生まれたのかもしれない。

　鎌倉時代の武家政治の成り立ちを描いた『吾妻鏡（あずまかがみ）』には、将軍源頼朝の前に召し出された白拍子（しらびょうし）（平安末期～鎌倉時代に起こった歌舞とその踊り手）の静御前（しずかごぜん）が、鶴岡八幡宮への奉納として舞を舞うよう命じられる場面がある。静御前は、頼朝の弟で頼朝から離反したために追討の対象となっていた源義経の妾であった。静御前はこの時「しづやしづ　しづのをだまき　くり返し　昔を今に　なすよしもがな」、また「吉野山　峰の白雪　ふみわけて　入りにし人の　跡ぞ恋しき」と義経を慕う歌を歌ったと記されている。これが本当なら、時の権力者の眼前で堂々とその敵への恋慕を歌ったことになる。『吾妻鏡』によれば、案の定、頼朝は激怒したが、妻政子がそれを諌めたため静御前は事なきを得たという。

　詩編１３７編は全体では九節だが、引用した四節だけで「ヌー」という音が一〇度繰り返され、韻を踏んでいる。静御前が果敢にも権力者に楯突く歌をその面前で歌ったように、詩編の作者が故国の歌を歌えと強要するバビロニア人の面前であえてこの詩を吟じたと想像するのも面白い。聴いたバビロニア人は言葉が違うために何を歌っているのかわからないのだから、まさか歌うことを拒否する内容だとは思うまい。

詩編137編のように、聖書には喜びの歌だけではなく悲しみの歌もある。その代表は哀歌であろう。「ああ、民に溢れていた都が　寂しく座っているとは。国々の間で偉大であった者が　やもめのようになるとは。諸州の女王が苦役に服すとは」（1章1節）で始まる哀歌は、エルサレムの凋落と神殿の荒廃ぶりを嘆いた歌である。

西アジアには古くから『ウル滅亡の哀歌』など、都市の荒廃を嘆く哀歌という文学ジャンルがあった。ウルはシュメール文明の都として一時期大いに繁栄したものの、やがて荒廃した都市である。ちなみにアブラハムの故地とされる「カルデアのウル」もこのウルだと言われる（創世記11章28、31節）。聖書の哀歌もこうした文学的伝統に連なる。エゼキエル書にも複数の哀歌が収められている。

悲しみもまた音楽の源泉となるのであろう。統一王国の王となったダビデは、親友ヨナタンとその父サウルとの戦死に際し、「弓」と題した哀歌を歌った（サムエル記下1章17―27節）。ダビデはまた、将軍アブネルの死に際しても哀歌を口にしている（サムエル記下3章33―35節）。士師記11章には、イスラエルの士師エフタが戦勝のためのいけにえとして神に娘を献げた物語が収められている。物語は次の一節で閉じる。

毎年、イスラエルの娘たちは年に四日間、ギルアド人エフタの娘に歌を献げるのである。

（士師記11章40節）

哀歌はまた、歌が嘲笑にも使われたことを示している。

左：エジプトの楽人たち（年代・出土地不明、メトロポリタン美術館蔵、筆者撮影）、右：ライアー（紀元前2500年頃、ウル出土、大英博物館蔵、筆者撮影）

私はわが民すべての笑い物となり／一日中彼らの嘲り（あざけ）の歌となった。

（哀歌3章14節）

小さい頃、誰かを笑い者にする時に相手をからかって囃し立てる歌があった。筆者の頭にすぐに思い浮かぶのは、本書ではとても紹介できないほど下品なものである（しかし強烈なインパクトがあるので今日まで記憶に刻まれている）。似たような悪習が、時代も地域も遠く離れ、文化もまったく異なる古代西アジアの地においてもあったのだろうか。

聖書に登場する楽器

すでに紹介した角笛の他にも、聖書には多くの楽器の名が登場する。

ダビデとイスラエルの家は皆、主の前で糸杉の楽器、琴、竪琴、タンバリン、鈴、シンバルを奏でた。

（サムエル記下6章5節）

左：シンバル奏者（紀元前2120～2001年頃、メソポタミア出土、バイブル・ランズ・ミュージアム蔵、筆者撮影）、右：ハープ奏者（年代不明、メソポタミア出土、バイブル・ランズ・ミュージアム蔵、筆者撮影）

また、ヘマンとエドトンは、鳴り響かせるラッパやシンバル、神の歌に用いる楽器を携えていた。エドトンの息子たちは門に配された。（歴代誌上16章42節）

彼らは皆、父の指示に従って主の神殿でシンバル、竪琴、琴を奏で、歌を歌って神殿の奉仕を果たし、王やアサフ、エドトン、ヘマンの指示に従った。（歴代誌上25章6節）

弦楽器奏者とタンバリン奏者（年代不明、ラルサ出土、ルーヴル美術館蔵、筆者撮影）

ここに挙げた箇所には、琴や竪琴といった弦楽器、タンバリン、鈴、シンバルといった打楽器、そして管楽器のラッパが列挙されている。むろん、これらすべての訳語が正確であるかどうかはわからないが、楽器の種類とし

左：重管笛奏者（両側、アシュドド出土、紀元前 10 世紀）とハープ奏者（中央、紀元前８～７世紀、テル・マルハタとアフジブ出土、共にイスラエル博物館蔵、筆者撮影）、右：タンバリン奏者（紀元前８～７世紀、アフジブ出土、イスラエル博物館蔵、筆者撮影）

ては概ね信頼してよいだろう。現代のオーケストラなどと比較すると打楽器の数が多いことに特徴がある。

神を賛美するための楽隊はこのように多彩な楽器を使って演奏していた、あるいは少なくともそうするべきだと思われていたのだろう。「彼らはタンバリンや琴に合わせて歌い　笛の音に歓喜する」（ヨブ記21章12節）とあるように、これら打楽器・弦楽器・管楽器の三つはセットとして使われていたのかもしれない。

考古資料に見る楽器

古代パレスチナにおいて、楽器は骨や角、木材、金属などを材料にして製作された。材料の性質上、今日まで残っている実際の楽器は非常に少ない。しかし西アジア全体に目を向ければ、楽器がそのままの形で出土する例も若干ある。先述したウルの都市遺跡で見つかった王墓からは、ライアーが出土している。また土製の浮彫や小像にも音楽を演奏する人物像は少なくない。音楽が古代から連綿と人間の生活に密着していた証左と言えよう。

18 交易

その日には、万軍の主の神殿に、もはや商人はいなくなる。
（ゼカリヤ書14章21節）

「適正価格」

新型コロナウイルスが蔓延し、不足しているマスクの転売が一時期話題となった。消費者の苦情が増える中、二〇二〇年三月一五日、政府はマスクの高値転売を禁止する政令を施行した。この日以降、それまでインターネットのサイトに上がっていた高額なマスクがこつ然と姿を消した。隠れた取引は依然として行われていたらしいが、それでもこの法令が一定程度の効果を発揮したことは明らかだろう。

一つの考え方によれば、「適正」な値段というものは本来、欲しい人と売りたい人が、それぞれ「その値段なら買っても／売ってもよい」と思う金額を指す。そうして、両者がそれぞれ「等価」と考えるモノが交換されるのである。

西アジアのスーク／バザールに足を踏み入れると、そこには値札というものが存在しない世界が広がっている（最近は値札をつける店も増えている）。筆者がこの「適正価格」の洗礼を受けたのは、トルコで当時三番目に人口の多かったアダナという街（現在は五番目）のとある絨毯屋であった。

当時貧乏学生であった筆者は、バックパック旅行のごく初めだったこともあり、絨毯を買うつもりなど毛頭なかった。絨毯なんてかさばるものを旅の初めに買ったら、その後の持ち運びが大変である（日本に発送するから大丈夫と言われたが、本当に発送してくれるかどうか不安だった）。

しかし初めての海外旅行でしかも単独、周りに言葉の通じる人がいない中、英語を話す人が話しかけてきたため、少し気を許してしまったのだろう。やがて彼の親戚だという絨毯屋に連れていかれ、こちらが興味ないと言っても何枚も何枚も絨毯を見せられたのである。

今なら買う気がなければ絨毯屋に入りさえしないのだが、当時経験も度胸もなかった筆者は（経験はともかく度胸は今もまったくない）、「要らない」と言い続けてはいたものの、飲み物などを出されているうちになんとなく絨毯を買わなくては悪いような気持ちになってきた。同時に、どうしても買わなければならないのなら、せめてとにかく安くて小さいものを一つ買って切り抜けようとも考えた。

そこで安い絨毯はどういうものかと尋ねると、それなりに安そうなものをいくつか見せてくれた。「どれがいいか」と聞くので「要らない」と言うと、「買わなくてもいい、どれがいいかだけ言ってみろ」としつこい。仕方なく、その中で少しは気に入ったものを指すと、「一番よいものを選んだ！」と、あたかも筆者が超難問に一度で正解したかのように驚いてみせ、筆者の選択眼を激賞する（どれを指しても同じ言葉が返ってきただろうことは想像に難くない）。

さらに「いくらなら買うのか」と尋ねてくる。「買わなくてもいいと言ったではないか」と言っても、「いくらなら買うのか」の一点張りである。いささかこのやり取りに疲れ始めていた筆者は、まあ二〇ドルくらいなら出してもいいと思っていたのでそう伝えると、それまで終始にこやかだった彼らの表情が、親戚の突然の訃報に触れたかのような暗澹たる表情に一変した。

自分は学生で金がないことを再び説明すると、「それなら五〇〇ドルでどうだ」と言ってきた。当然そんな金は自分には出せないので、それなら結構と断ろうとすると、「いくらなら買うのか」とまた尋ねてくる。

さっき言った通り二〇ドルだ、と言うと、「それは値段ではない」と言われる。そして今度は「最終的な値段（ここまでなら払ってもいい金額と理解した）を言え」と迫ってくる。それでは仕方ないと思いながら「二五ドル」と答えると、また世の終わりが明日にでも到来するかのような顔をしてみせる。

「では要らない」と立ち上がりかけると、向こうも「四五〇ドルでどうだ」と値段を下げてくる。筆者としてはそもそもまったく欲しくもないものなので、この世の終わりのような顔をしてみせる必要はない。そこで「要らない」と繰り返すと、あちらは「最終的な値段を言え」と譲らない。

そこで「二七ドル」と言うと（この辺り、実際に言った金額はもはや忘却の彼方にあるため読者諸賢は多少のフィクション性も入っていると心得られたい）、今まさにノアの時代にあった大洪水の奔流が彼らを呑み込もうとしているかのような顔をするのである。

長い話を割愛すると、結局我々の「値段交渉」は四五ドルに落ち着き、その後筆者は、広げれば一畳ほどの大きさになる「キリム」という絨毯を小さく畳んでバックパックにぶら下げ、トルコやシリアを歩き回ったのである。この値段に決まった時、店の人が相当渋い顔をしていたのが今でも記憶に残っている。

おまけに、「君はあまりにも安く買ったので、私に昼食をご馳走しなければならない」と意味不明の理屈をつけられ、彼に昼食をおごるはめになった（当時のトルコは物価が安かったので腹いっぱい食べてビールを飲んで二人分払っても一〇〇〇円にもならなかったと思う）。いずれにせよ、こうして筆者は、先述したように「価格」というものが常にあらかじめ決まっているわけではないことを身をもって知ったのであった（このキリムは現在まったく使っていない）。

こうした考え方に従えば、コロナ禍でのマスク転売は買い手が払ってもよいと思う価格で取引されていたわけだから、「適正価格」と言えなくはない。むろん国家としては、そのために多くの国民が不当な不利益を被りかねない「適正価格」での取引が横行する場合、強制的な介入に踏み切らざるを得ないだろう。

しかし一方で二〇一九年に話題となった「桜を見る会」の前夜祭の会費が一人五〇〇〇円というのは、仮にそれが真実だったとしても、果たして「適正価格」と言えるのだろうか。相場からするとかなりの格安となるようである。会場となったホテル側に、例えば今後も継続して自分のホテルをそうしたパーティーの会場として使ってもらうなど何らかの見返りがない限り、これが「適正価格」であるようには到底思えない。

古代西アジアにおける交易

古代西アジアにおける商取引の値段交渉が、筆者がトルコで経験したような形で繰り広げられたかどうかは定かではないが、値段交渉そのものはあっただろう。

貨幣が誕生するはるか昔から商取引は行われていた。物々交換が交易の始まりとされる。やがて穀物栽培が始まり農耕社会になると、収穫物であるムギやワイン、油、そして家畜化されたヒツジやヤギなどが交換の対象となった。しかしこれらは量が多く、重くて持ち運びしにくい。そこで貴金属、主に銀が取引に使われるようになった。支払いの際には銀を重さで量り、切って使った。これがやがて貨幣となる（貨幣については第九章参照）。

すでに古代には、広域での交易が始まっていた。現代のアフガニスタンで採掘されるラピスラズリという鉱石は、その美しい青が珍重され、直線距離でも二〇〇〇キロメートル以上離れたメソポタミアに出荷されていた。

近年の研究によれば、石臼に適した石材に乏しいキプロス島には、すでに新石器時代より、エーゲ海地方やパレスチナ地方などかなり遠方から海を越えて石臼が運ばれていたこともわかっている（第六章参照）。

ウルブルン沈没船の復元模型（ボドルム水中考古学博物館蔵）

沈没船が示す交易

沈没船からの引き上げ品は、こうした古代の海上交易の実態を如実に示す。地上の遺跡から出土するものからは、それらが何と一緒に運ばれたのかを読み取ることは難しい。他方、難破

ウルブルンで発見された船の積み荷の復元
（ボドルム水中考古学博物館蔵、筆者撮影）

ディール・エル・バラハ出土の鐙型小壺
（紀元前14世紀、イスラエル博物館蔵、筆者撮影）

して沈没した時点での積み荷がそっくり見つかることもある。その意味で沈没船はタイムカプセルのようなものだ。

一九八二年、現在のトルコの南海岸、ウルブルンという場所の近海から、紀元前一四世紀の沈没船とその積み荷がよい状態で発見された。船にはキプロス島産の銅の鋳塊、パレスチナ産松脂の入った壺、その他様々な地域からの高価な品々が満載されていた。

これらの引き上げ品を分析すると、この船がギリシア本土からクレタ島経由でパレスチナへ向かい、キプロスに寄港してギリシア本土へ戻る途中で難破したものであることが明らかとなった。この時代のパレスチナ各地の遺跡からは、エーゲ海から香油を入れて運んだと思われる、上部が鐙に似た形の小壺が大量に出土する。今日のフランスのように、当時のエーゲ海地域は世界的な香料の生産地であった。このようにすでに古代から、東地中海の様々な地域は海を越えた交易ネットワークで結ばれていたのである。

フェニキア人とレバノン杉

紀元前一千年紀前半、東地中海一帯で活発に交易活動に従事していたのは、現在のレバノンにあったビブロス、シドン、ティルスなどの諸都市に拠点を持つ「フェニキア人」と呼ばれる人々であった。時代はそれよりも数百年古いものの、ウルブルンの難破船もおそらく、やはり今日のレバノン辺りを母港とする船だったと考えられている。この地方の人たちはエーゲ海、メソポタミア、エジプトにまたがる東地中海世界で古くから交易に従事していたのである。

「フェニキア」とは、これらレバノン辺りの都市国家に出自を持つ商人の故地をギリシア人が総称した呼び名である。元来、「紫」あるいは「ナツメヤシ」などを意味した言葉に由来するようである。おそらくレバノン沿岸に生息する貝の体液を使った紫色の染物やナツメヤシなどを、交易品としてエーゲ海地域にもたらしていたのだろう。

旧約聖書の中に「フェニキア」の名前は一度も出てこない。その代わりに言及されるのは彼らが住んでいたそれぞれの都市の名である。とりわけ、シドンとティルスはよく登場している。

ティルスの王ヒラムはダビデに、使いの者と共に、レバノン杉、木工、壁作りの石工を送った。彼らはダビデのために王宮を建てた。

（サムエル記下5章11節）

「それゆえ、この度、私〔ソロモン〕のためにレバノンから杉を切り出すよう、お命じください。私の家臣は、あなた〔ヒラム〕の家臣と一緒に働きます。あなたの家臣たちへの報酬は、あなたのおっしゃるとおりに支払います。ご存じのように、私たちには、シドン人のように木を切り出すことに熟練した者がいないのです。」
（列王記上5章20節）

ここに引用した箇所によれば、シドン人やティルス人は、「レバノン杉」と呼ばれる木を切り出し、ダビデやソロモンが王宮や神殿をエルサレムに建設する際にその資材を提供していたという。

レバノン山脈に残るレバノン杉

レバノン杉は、標高三〇〇〇メートルを超えるレバノン山脈で育つ木で、大きなものでは高さが四〇メートル、直径が二メートルにも達する。香りがよいことから「香柏（こうはく）」などと訳されることもあるレバノン杉は、木材の乏しいメソポタミアやエジプトにおいて、宮殿や神殿などの大型の建物の建築資材として古くから使われていた。

平均標高が二五〇〇メートルを超えるレバノン山脈では、冬には降雪もあり、比較的降水量も多い。そのためにこうした大木の森林が形成されたのである。レバノンの国旗にもモチーフとして使われるレバノン杉だが、ローマ時代の乱伐のため、現在では頂上付近にわずかしか残っていない。

史上初の世界帝国を興したアッシリアも、宮殿などの建材を得るためにフェニキア人に木材を切り出させ、運ばせている。

アッシリアの建設活動のためにレバノン杉を運ぶフェニキア人の船（紀元前7世紀、コルサバード出土、ルーヴル美術館蔵、筆者撮影）

フェニキア人と象牙

海には、〔ソロモン〕王のタルシシュの船団がヒラムの船団と共にあった。三年に一度、タルシシュの船団は、金や銀、象牙、ひひや猿を運んで来た。

（列王記上10章22節）

フェニキア人はまた、工芸品制作にも優れていた。彼らの手になると言われる象牙細工が西アジアの各地から出土する。紀元前二千年紀にはシリアにもゾウがいたらしいが、それが絶滅して以後はアフリカの象牙を輸入し、それを細工したものを木製の家具に象嵌（ぞうがん）して輸出したようである。

こうした家具は当時最高級品で、君主の宮殿などで使われた。列王記には、紀元前九世紀に北イスラエル王国を統治したアハブ王が「象牙

草を食む２頭の雄牛の象牙細工（紀元前９世紀後半、推定アルスラン・タシュ出土、バイブル・ランド・ミュージアム蔵、筆者撮影）

の家」と呼ばれる建物を建設したことが記録されている。

アハブの他の事績、彼の行ったすべてのこと、彼が建てた象牙の家、彼が築いたあらゆる町、それらは『イスラエルの王の歴代誌』に記されているとおりである。

（列王記上22章39節）

紀元前八世紀に活動したとされ、社会的な公正の重要性を訴えた預言者アモスは、貧者が増えていく中でこうした奢侈品（しゃしひん）を使う富裕な人々を痛烈に批判している。

私は夏の家と共に冬の家も打ち壊す。象牙の家は滅び、大邸宅も消えうせる――主の仰せ。

（アモス書3章15節）

あなたがたは象牙の寝台に横たわり　長椅子に寝そべり　羊の群れから小羊を　牛舎からは子牛を取って食べている。

（アモス書6章4節）

もしアモスが現代の日本にいたならば、マスクの転売を行う人々に対しても同じような厳しいまなざしを向けたかもしれない。

ティルスの繁栄

「人の子よ、あなたはティルスに対して哀歌を歌いなさい」で始まるエゼキエル書27章は、ティルスへの哀歌という形を取り、その滅亡を嘆く内容だが、そこにはティルスの繁栄ぶりも描かれている。その一部を読んでみよう。

「エジプトの彩り豊かな上質の亜麻布が　あなた〔擬人化された都市ティルス〕の帆となり、旗となった。エリシャの島々の青と紫の布が　その覆いとなった。シドンとアルワドの住民があなたの漕ぎ手となり　ティルスよ、あなたのうちに熟練者がおり　彼らがあなたの水夫となった。ビブロスの長老たちと熟練者たちは　あなたのうちにおり　水漏れを修繕する者となった。海のすべての船と船乗りたちは〔中略〕あなたの商品を交易した。ペルシア、リディア、プトの人々はあなたの軍隊の戦士となり　盾(たて)と兜(かぶと)をあなたに掛け　あなたに輝きをもたらした。」

（エゼキエル書27章7―10節）

紀元前700年頃のフェニキア船の復元模型（国立海洋博物館〔ハイファ〕蔵、筆者撮影）

ここに挙げられた「エジプト」「エリシャ」などの地名はかなりの広範囲に及ぶ。西はおそらくイベリア半島、南はアラビア半島、北はギリシア本土、そして東はイラン辺りまでを含むものと思われる。イベリア半島には実際にフェニキアの人たちが築いていた都市もあった。その繁栄ぶりはティルスをして自らを「私は美しさの極みである」（エゼキエル書27章3節）と言わしめたとされる。

しかし、このように繁栄していたティルスに対して、エゼキエル書は突如として破滅を宣告する。

「もろもろの民の商人はあなたに対して
嘲笑の口笛を吹く。あなたは恐怖の的となり　とこしえに消えうせる。」
（エゼキエル書27章36節）

聖書は全体として、商人を肯定的に見ていない。「カナン人」というイスラエル人の先住民の一つを指す言葉が、「商人」という意味で使われている箇所も聖書には存在する。本章冒頭に挙げたゼカリヤ書の最後の節もその一つである。滅ぼすべき対象としての先住民と商人とが同じ言葉で表現されることから見ても、聖書が商人に対して否定的なまなざしを向けていたことは明らかであろう。利益の飽くなき追求という行為について、また真の「適正価格」とは何かについて、この辺で日本社会ももう一度考えてみるべきではないだろうか。

19　葬送と墓制1

「父は私に誓わせて言いました。『私は間もなく死ぬが、その時には、カナンの地に掘っておいた墓に私を葬りなさい』、と。」（創世記50章5節）

葬送の歴史

新型コロナウイルスの急速な蔓延によって、世界中で多くの方が亡くなった。死者の数が急速に激増した地域では葬儀のスピードが追い付かず、臨時に大型施設などを遺体安置所に仕立てて急場をしのごうとするところもあったそうである。日本でもこれまで、航空機墜落事故や大地震・津波などの災害によって一度に多くの方々が犠牲になった時には、地域の施設などが遺体安置所として使われてきた。

多くの人は死ぬと葬られる。なぜ死者を葬るのだろう。「それが慣習だから」というのが最も簡単な答えであろう。ではなぜそのような慣習ができたのだろうか。

意図的な埋葬が人類史のいつのころから始められたかについては議論があり、確かなことは言えないが、一説によれば約四〇万年前から数万年前まで地上に住んでいたネアンデルタール人がすでにそうした行為を行っていたとされる。

遺体は通常、そのまま放っておくと腐敗する。野外であれば様々な野生動物が遺体を損壊する可能性が高い。死亡率が現代よりもはるかに高く、死というものが身近であった古代においては、身内を含め、人の死を目にする機会も頻繁にあった。とりわけ疫病の流行や戦争などで大量の人が死んだ場合には、否が応でも野ざらしとなった死体を多く目にしたことと思われる。死者の生前の姿を知っている遺族にとって、その変わり果てていく姿を見るのは忍びないことかもしれない。土に埋めてしまえば、変わり果てた姿を見なくて済む。そこで遺体を埋めるようになったのだろう。同様に葬られる側にも、死後、自分が無残な姿となっていく様を見せたくはないという心情が芽生えたことだろう。

「死後の世界」の「誕生」もまた、人が死者を葬る理由となったかもしれない。人は死ぬとどうなるのか、人間はこの問題に古代から多大なる関心を寄せてきた。故人の愛用品などを一緒に埋葬する副葬という習慣は、かなり古い時代の墓にも見られる。副葬品の中には、装身具など故人が身に着けていたものに加え、食糧・飲料を入れていたと思われる土器などが見つかることもある。後者のような品々が埋葬されたのは、被葬者が死後も飢えたり渇いたりしないようにという配慮からだと解釈される。こうした習慣は、「死後の世界」というものの存在を想像するようになったことと関連して始まったと言えよう。「葬送」という言葉は「葬る」と「送る」という二つの字から成る。「送る」のは残された人々で、「送られる場所」は生きた人間がいる世界とは違う世界ということだろう。

聖書の記述に見る葬送習慣

葬送のやり方には様々な方法がある。「葬」という字は「死」の上と下に「草」がついた字だそうである。古代中国において死人を草むらに葬ったことに由来すると思われる。日本ではかつては土葬、今は火葬が主流となっている。稀なケースとして、公海上における水葬がある。最近は海などに合法的に散骨する形態を取ることもある。チベットなどでは鳥葬（あるいは天葬）といって、あえて遺体を鳥に啄（ついば）ませる地域もあるという。

聖書の世界における葬送習慣はどのようなものだったのだろうか。創世記の記述から見てみよう。

その後、アブラハムは妻のサラを、カナンの地にあるマムレ、すなわちヘブロンの前のマクペラの畑地の洞窟に葬った。（創世記23章19節）

その畑地は、アブラハムがヘトの人々から買い取ったもので、そこにアブラハムは妻サラと共に葬られた。（創世記25章10節）

時に、リベカの乳母であったデボラが亡くなり、彼女はベテルの下手にある樫の木の下に葬られた。（創世記35章8節）

ラケルは亡くなり、エフラタ、すなわちベツレヘムに向かう道のそばに葬られた。ヤコブは彼女の墓に柱を立てたが、それはラケルの墓標として今日まで残っている。（創世記35章19―20節）

ヒルベト・エル・コム出土の墓碑（紀元前８世紀、イスラエル博物館蔵、筆者撮影）

これらの記述からわかるように、古代イスラエルでは埋葬が一般的であった。自然の洞穴の中や、大地に掘った墓穴に遺体を葬るのである。

これらの記述を見ると、サラは夫アブラハムと同じ場所に葬られているが、ラケルは夫ヤコブとは異なる場所に葬られていることがわかる。ヤコブはラケルのことを愛していたとあるが（創世記29章18、20、30節）、ラケルの方では夫と同じ墓になど入りたくなかったのだろうか。それとも、旅の途中だったために遺体を運ぶことができなかったのだろうか。あるいは、サラがアブラハムと同じ墓なのは、単にサラの方が先に死んでいたからで、もし逆であればサラも夫と同じ墓は選ばなかったのだろうか。

後述するように、少なからぬ男性の遺体は遠くから運ばれて埋葬されているので、遺体の運搬ができなかったことが理由とは考えにくい。どうやら埋葬に関して、少なくとも聖書の記述の上で、男性と女性では大きな差があるようである。そもそも聖書において、女性の埋葬に関する記述は男性のそれに比べて非常に少ない。

ラケルの墓には墓標が立てられたと記されている。ここで「柱」と訳されている言葉は「マッツェバー（מצבה）」である。列王記などはこれを取り除かねばならない異教のものとしていて、ここ以外の多くの箇所では「石柱」などと訳されている（列王記下23章14節など）。もともとは尊敬を集めた先祖の墓標や何らかの死者供養と関連があったものかもしれない。

ヘブロンの西に位置するヒルベト・エル・コムという遺跡からは紀元前八世紀後半、ユダ王国時代の墓碑が見つかっている。墓石の中央には魔よけの意味があると思われる下向きの手形が彫り込まれ、その上下にヘブライ語の碑文が刻まれている。碑文によれば、この墓は「ウリヤフ」なる人物のもので、ヤハウェからの祝福を願う文句や、ヤハウェと「彼のアシェラ」による敵からの救いについて刻まれていた。このアシェラを聖書に言及される女神と解釈すべきかどうかについては議論がある。

甕棺と人型棺

パレスチナの遺跡から何らかの形態の墓が出土することも珍しくない。場合によっては墓地さえ見つかることもある。これらの墓の多くは土を掘り込んでつくられた「土壙墓」と言われるものである。しかし、時代によってそれ以外の様々な葬り方も見られる。

考古学者はパレスチナにおける紀元前二〇〇〇～一五五〇年頃を「中期青銅器時代」と呼ぶ。聖書の記述によれば、父祖たちの時代に相当する時代である。この時代の家屋の床下からしばしば、大型

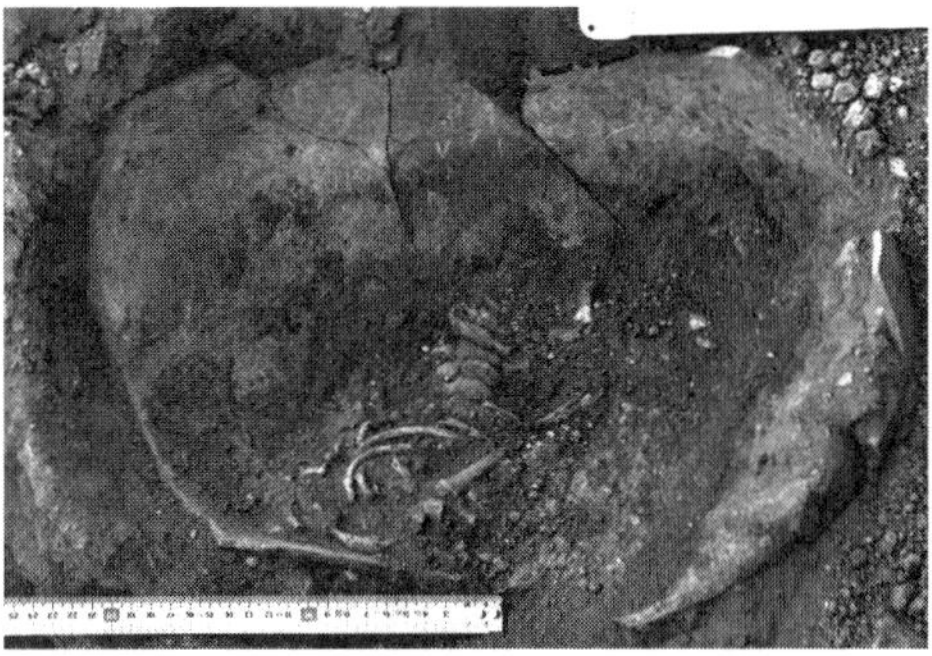

テル・レヘシュ出土の甕棺墓（中期青銅器時代、テル・レヘシュプロジェクト提供）

の甕を棺のように利用した墓が出土する。日本で言うところの甕棺墓（かめかんぼ）である。佐賀県の吉野ケ里遺跡からは弥生時代の墳丘墓が三一〇〇基以上出土しており、これらの墳丘の中からは甕棺が密集して見つかっている。パレスチナで見つかる甕棺に葬られているのはほとんどが乳幼児である。小さい壺や装身具などが副葬品として見つかることが多い。家屋の床下にこれら乳幼児を葬ることにどのような意図があったのかは不明である。

中期青銅器時代に続く後期青銅器時代（紀元前一五五〇〜一一五〇〇年頃）になると、パレスチナはエジプトの支配下に置かれる。エジプトの役人がパレスチナに駐屯し、在地の人々もエジプトの文化的影響を色濃く受けるようになる。

よく知られている通り、古代エジプトではミイラ製作が盛んであった。霊魂の不滅を信じた古代エジプト人は、魂が戻る場所としての身体を可能な限り生前に近い状態に見えるように保存しようとした。

実は、聖書の中にもミイラ化されたと思しき人物がいる。ミイラ製作についての記述を読んでみよう。

ヨセフは僕（しもべ）である医者たちに、父のなきがらをミイラにするように命じた。そこで医者たちはイスラエルをミイラにした。そのために四十日が費やされた。ミイラにするためにはそれだけの日数が必要だったからである。エジプト人は七十日間、泣いて喪に服した。（創世記50章2―3節）

ヨセフは百十歳で亡くなった。人々はエジプトで彼をミイラにし、棺に納めた。

（創世記50章26節）

ここでミイラにされたのはヤコブ（ここではイスラエル）とその息子ヨセフである。「ミイラにする」と訳されている動詞「ハナト（חנט）」は口語訳では「薬を塗り、防腐処置をする」と訳されている。口語訳の方では死んだ人間になぜ薬を塗るのかがわかりにくいため、新共同訳ではその説明として「防腐処置をする」が付加されたのだろう。

この動詞が遺体への何らかの処置をするという文脈で用いられているのはこれらの箇所のみであるが、エジプトで四〇日間を費やして遺体への処置を行ったのであるから、それが実質的にミイラ製作を意味していても不思議ではない。しかし、ヨセフの方はのちに骨となって運ばれ、パレスチナに埋葬されたと記されている（出エジプト記13章19節、ヨシュア記24章32節）。ミイラにしたのであれば、骨ではなく、遺体を棺ごと運ぶ記述が期待される。したがって、この箇所における「ハナト」を「ミイラにした」と訳すことには若干の問題があると言わざるを得ない。

「エンバーミング」と呼ばれる遺体の衛生保存は、現在も日本を含め多くの国や地域で行われている。他の言語への訳でも「ミイラにした」という訳は管見に触れない。また、父祖を「ミイラにし

デイル・エル・バラハ出土の人型棺（紀元前13世紀頃、イスラエル博物館蔵、筆者撮影）

た」という記述に心理的抵抗を覚える読者もいるかもしれない。聖書協会共同訳は、そういう意味では「麦の酒」の訳（第四章参照）以上に一歩踏み込んだ革新的な訳を導入したことになるが、この訳語の評価については賛否両論があろう。蛇足だが、日本語の「ミイラ」の語源は「没薬」と同じらしい。

古代エジプトでミイラにされたのは、ミイラ職人に高額な費用を支払うことのできる裕福な人々だけであった。ミイラにされた遺体は木製の棺に入れられたのちに埋葬された。エジプトは乾燥していたので、こうした古代の木棺とミイラが数多く発見されているのである。

さて、後期青銅器時代のパレスチナの遺跡からは、エジプトの木棺を模倣してつくられた土製の棺が見つかっている。これらの棺は、その上に人間の顔や手の表現が見られることから「人型棺」と呼ばれている。中に葬られたのは、エジプト人の役人や在地のエリート層だったようである。ガザ近郊にあるデイル・エル・バラハのこの時代の墓地からは、五〇基ほどの人型棺が出土している。ただしミイラは見つかっていない。

家族墓

さらに時代を下った紀元前一〇世紀以降の王国時代の遺跡からは、しばしば自然の岩をくり抜いた洞穴状の墓が見つかる。掘削されているのは比較的加工しやすい石灰岩だが、加工にはそれなりの時間と労力が必要なので、やはり裕福な者だけがそこに葬られたのだろう。おそらく貧しい人々は引き続き、簡素な土壙墓に葬られたことと思われる。

こうした岩窟墓は基本的に家族墓で、亡くなった一族の者をそこに葬ったようである。聖書にも次の例のように、家族墓についての言及が散見される。

ヨアシュの子ギデオンは良き晩年を迎えて死に、アビエゼル人のオフラにある父ヨアシュの墓に葬られた。（士師記8章32節）

彼らはサウルの遺骨とその子ヨナタンの遺骨を、ベニヤミンの地ツェラにあるサウルの父キシュの墓に葬った。（サムエル記下21章14節）

こうした家族墓の構造は、リビングルームが中央に位置するマンションの間取りに似ている。墓の入口が玄関に、前室がリビングルームに相当する。リビングルームが中央にあれば、廊下を通らずに直接各部屋に出入りできる。家族墓の前室からも遺体がそれぞれ安置された各玄室に直接アクセスできた。遺体の頭を載せる部分が枕のように膨らんだ構造となっていることから、遺体はあたかも寝ているかのように安置されたことが想像される。遺体は自然分解に任せたようである。こうした家族墓は、何世代にもわたって利用された。空室がない時に新たな死者が出た場合、すでに白骨化した遺体を一カ所にまとめ、空いた玄室に新たな遺体を入れた。

アブラハムやサラ、そしてヤコブは「マクペラの洞窟」に葬られたとされる（創世記23章9、17、19節、25章9節、50章13節）。こうした洞穴への埋葬習慣はより古い時代に遡れるのかもしれない。なお、アブラハムの息子でヤコブの父であるイサクの墓についてはその場所が創世記には記されておらず、「死んで先祖の列に加えられた」とのみ記されている（創世記35章29節）。創世記に何度か用いられているこの表現は（創世記25章8、17節、49章29、33節）、「葬られる」ことの婉曲表現でもあると思われるが、元来はおそらく家族墓に葬られることを示していたのだろう。

聖書は、家族墓に葬られないことを望ましくないことと捉えている。例えば、神の命令に背いた預言者には次のような神の言葉が臨む。

> 戻って来て、「パンを食べてはならない、水を飲んではならない」と告げられたその場所で、パンを食べ、水を飲んだ。それゆえ、あなたのなきがらは先祖の墓には入れない。
>
> （列王記上13章22節）

本章冒頭の節は、ヨセフが父ヤコブの死後にファラオにその埋葬を願い出た場面であるが、死ぬ前に息子に誓わせるほど、先祖の墓に葬られることが重要視されていたことがわかる（創世記47章29―

30節）。だからこそ、エジプトで死んだヤコブもヨセフも、わざわざパレスチナに運ばれ、そこで葬られたと記されているのである。同様に、次の箇所も先祖の墓に葬られる重要性を示している。

家臣たちは戦車で彼〔ユダ王アハズヤ〕をエルサレムに運び、ダビデの町の墓に先祖と共に葬った。（列王記下9章28節）

このように、ユダの王は遠い場所で死んでも、エルサレムまで遺体が運ばれてそこで葬られたとされる（列王記下12章22節、23章30節も同様）。戦死し、敵によってつるされたイスラエル初代の王サウルとその息子たちの遺体も、奪回され葬られている。

サウルの武具はアシュトレトの神殿に納められ、その遺体はベト・シャンの城壁につるされた。〔中略〕勇敢な者はこぞって立ち上がり、夜通し歩いて行って、サウルとその息子たちの遺体をベト・シャンの城壁から下ろし、ヤベシュに持ち帰って火葬にした。そして彼らの骨を拾って、ヤベシュのタマリスクの木の下に葬り、七日間、

ケテフ・ヒンノムの家族墓（鉄器時代、筆者撮影）

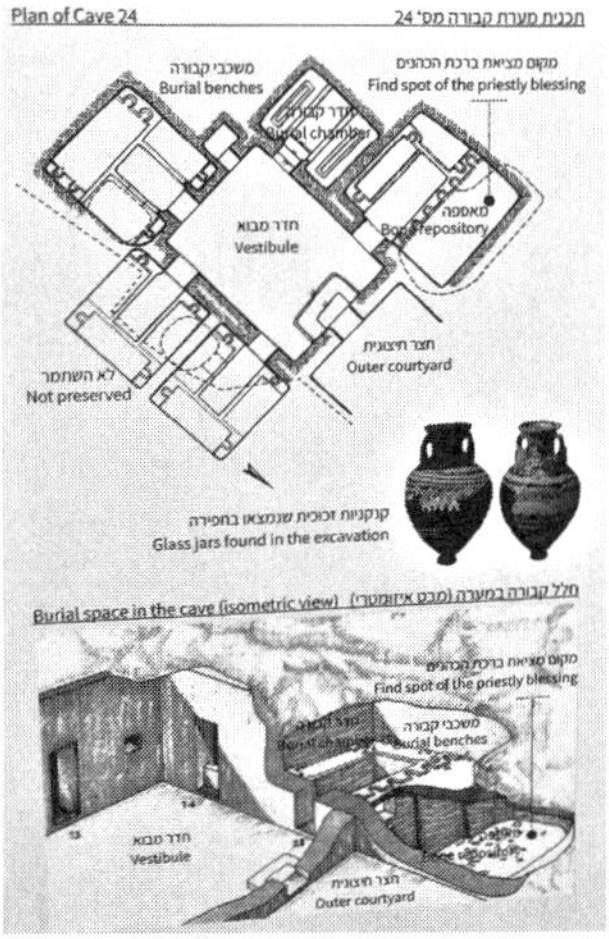

ケテフ・ヒンノムの家族墓見取り図（鉄器時代、筆者撮影）

断食した。（サムエル記上31章10、12―13節）

彼らの遺骨はその後ダビデがもらい受け、サウルの父の墓に葬ったとされる（サムエル記下21章12―14節）。サムエル記上では、遺体は火葬にされたとあるが、サムエル記下では、すでに遺骨となっていたものをヤベシュの人々が「盗んだ」と書かれており、どちらが真相であったのかは判然としない。

なお、遺体を燃やす火葬は、聖書の中でここにしか言及されていない。律法では、特定の罪を犯した者を「火で焼く」ことが定められていた（レビ記20章14節、21章9節、ヨシュア記7章15節）。いわゆる「火炙りの刑」である。また、子どもたちに「火をくぐらせる」習慣は禁じられている（申命記18章10―11節、列王記下16章3節、23章10節）。この記述は幼児を燔祭として献げていたことを示すものだとも言われる。

現代のイスラエルでは、爆弾テロの犠牲者の肉片を可能な限り集めるそうである。日本でも、アジア・太平洋戦争の日本兵士の遺骨、シベリア抑留者の遺骨、そして東日本大震災による津波の犠牲者の遺骨などを、今でも遺族が必死に捜し求めている。遺体や遺骨への執念は、生者の他界観と固く結びついているのであろう。

20 葬送と墓制2

アハズは先祖と共に眠りに就き、エルサレムの都に葬られた。人々は彼をイスラエルの王の墓には納めなかった。
（歴代誌下28章27節）

考古学者にとっての墓

発掘と墓暴きは背中合わせである。遺跡を発掘していると、不意に人骨が出土することは決して珍しくない。多くの場合、はっきりそこに墓地があるとわかって掘っているわけではないから、いわゆる墓暴きとは目的が違うのだが、墓を掘り当てるとワクワクするという点では共通しているのかもしれない。

多くの墓暴きが墓を、それも未盗掘の墓を掘り当ててワクワクするのは、そこにあるだろう副葬品を想像するからである。墓が立派であればあるほど、そこに葬られた人物の副葬品もまた豪華な、したがって金銭的価値が高いものが期待できる。

考古学者が未盗掘の墓に興奮するのには、墓暴きとは異なる様々な理由がある。ある考古学者はそこで出遭えるかもしれない人骨に胸をときめかせ、また別の考古学者は墓暴き同様、そこに納められた副葬品を思い描いて垂涎する。墓暴きと異なるのは、考古学者の関心が出土するモノの金銭的価値にではなく、学術的価値にあるという点である。

　手つかずの墓というものは、学問的に非常に価値が高い。考古学の基礎は、出土するモノの機能と年代の把握にある。地面を掘ったら何か出てきた、面白い形をしている。何に使われたのだろう、いつ使われたのだろう。この二つがわからねば、考古学が考えようとする過去の人間の生活に迫ることは難しい。

　手つかずの墓に納められているモノの多くは、埋葬時に使われていたものである。追葬などがなければ、それ以後にモノが入れられることはない。つまり、未盗掘の墓はタイムカプセルなのである。

　出土するモノの年代を決定するために、考古学が伝統的に用いてきた方法が二つある。それは層位学と型式学である。地層が古い層から順に上に重なってできることはご存じだろう。単純に言えば、層位学はこの理屈を用いて、遺跡の地層から出土するモノの相対的な新旧関係を明らかにする。型式学の方は、モノの形態の変遷を追究する。モノは、機能の変化や技術の進歩、あるいはデザインの流行り廃りなどにより、時代ごとに形態が変化する。

　十分なデータが揃えば、層位学と型式学を利用して、あるモノの「編年」を構築することができる。そしてひとたび編年が構築されれば、もはやそのモノを見ただけで、その製作年代もおよそ見当がつくようになる。古物の鑑定家がモノを一見してその年代を言えるのは、頭の中にそのモノの編年が刻まれているからである。

　精密な編年の構築には膨大な量のデータが必要であるが、十分なデータを集めるのは、実際はなかなか難しい。理想的な状態で出土する遺物は稀である。様々な時代の遺物と一緒に出土することも多い。また、形態の変遷は、あらゆる種類のモノにおいて同時に進行するわけではない。そのため、あるモノは一〇〇年間形態が変わらないまま使われ、またあるモノは数年単位で形態が著しく変化する。

身近なモノを例に挙げよう。安全ピンの基本的な形態は、一八四九年にアメリカで製作されて以来ほとんど変わっていない。対照的に、自動車は数年ごとにモデルチェンジをしている。そのため、倉庫から五〇年前の安全ピンが見つかっても、それがいつのものかは容易に判断できないが、五〇年前の自動車が見つかった場合、専門家ではなくてもそれがかなり古いものと想像できる。

墓が考古学にとって重要なのは、そこから出土する様々なモノが同じ時代に使われていたことを確実に示すからである。こうした発見によって、編年の「穴」を埋めることができるし、事実、編年の重要な部分が墓からの出土品を基礎として構築されたモノもある。要するに、未盗掘の墓は考古学者にとっても「宝の墓」なのである。

これで、考古学者が未盗掘の墓を掘り当てた時になぜワクワクするのか、ご理解いただけたことだろう。むろん、だからと言って墓を掘り当てることだけを目的として発掘するのでは、墓暴きとさほど変わらない。たとえそれが一〇〇〇年以上前の墓であったとしても、被葬者の尊厳、埋葬者の心情を考慮しつつ、慎重かつ敬意をもって発掘する必要がある。学問の進歩という錦の御旗の下、考古学者らによる「墓暴き」が横行しないよう、関係者らはその発掘の必要性を十分に検討せねばならないことは言うまでもない。

王墓

今からおよそ一〇〇年前の一九二二年、エジプトの「王家の谷」で非常に状態のよい、ある王の墓が発見された。エジプト第一八王朝のファラオ、ツタンカーメンの墓である。黄金のマスクをつけた（当時）三三〇〇年以上前の少年王のミイラと、その豪華な副葬品の数々の発見は、世界中を震撼させた。

ツタンカーメン王墓の副葬品（紀元前1300年頃、エジプト考古学博物館蔵）

ウル王墓出土の「雄山羊の像」（紀元前2600～2400年頃、大英博物館蔵、筆者撮影）

時を同じくしてイラクでは「ウルの王墓」が発見され、そこからも数々の副葬品が出土して世間の度肝を抜いた。こちらは（当時）四〇〇〇年以上前の墓であった。

これらの出土品は考古学的研究の進展に大きく寄与した。

イスラエルとユダの王墓

したがって、もし北イスラエル王国や南ユダ王国の王墓が見つかれば、そこから多くの貴重な情報がもたらされる可能性がある。これまでそうした王墓は一つも見つかっていないが、これから見つからないとも限らない。では、これらの王国の王たちはどのようなところに墓を築いたのだろうか。列王記の記述から探ってみよう。

北イスラエル王国の王のうち、埋葬についての記述が見えるのは、六名のみである。そこには王国の都であるティルツァ（列王記上16章6節［バシャ］）とサマリア（同16章28節［オムリ］、22章37節［アハブ］、列王記下10章35節［イエフ］、13章9節［ヨアハズ］、13章13節、14章16節［ヨアシュ］）が挙げられているだけで、具体的にどのような場所なのかという情報はない。研究者の中には、サマリアの発掘で王国時代の宮殿の直下に見つかった二つの岩窟を王墓と考える者もいるが、この説は多くの研究者から支持されているとは言いがたい。

南ユダ王国の王たちについてはどうだろうか。ダビデ家の王たちは、そのほとんどが「ダビデの町」もしくは「ダビデの町の墓」に葬られていると記述されている（「ダビデの町」＝列王記上2章10節［ダビデ］、11章43節［ソロモン］、14章31節［レハブアム］、15章8節［アビヤム］、24節［アサ］、22章51

節［ヨシャファト］、列王記下８章24節［ヨラム］、12章22節［ヨアシュ］、15章７節［アザルヤ］、38節［ヨタム］、16章20節［アハズ］。「ダビデの町の墓」＝列王記下９章28節［アハズヤ］。「ダビデの町、エルサレム」＝列王記下14章20節［アマツヤ］。「自分の宮殿の庭、ウザの庭」＝列王記下21章18節［マナセ］、「ウザの庭にある自分の墓」＝列王記下21章26節［アモン］。「（彼の）墓」＝列王記下23章30節［ヨシヤ］）。

ヒゼキヤ、ヨヤキムに関しては具体的な埋葬場所への言及がなく、「先祖と共に眠りに就いた」（列王記下20章21節、24章６節）とのみ記されている。王国時代末期の王ヨアハズはエジプトで死んだという言及のみ（同23章34節）、最後の王ゼデキヤはバビロンに連行されたという記述しかない（同25章７節）。ゼデキヤの前の王ヨヤキンについてもバビロニアで名誉が回復されたという記述で終わり、死については記されていない（同25章27―30節）。

エルサレムでこうしたユダの王たちの墓が発見されれば、それは一大センセーションを巻き起こすに違いないが、今のところ、そのおおよその場所すらわかっていない。「ダビデの町」と呼ばれるのは、現在のエルサレム旧市街の南側に広がる部分だと思われるが、ここには現代の村があり、発掘調査は容易ではない。この地域におそらくユダ王家は宮殿を持っていたと思われる。「ウザの庭」というのも宮殿にあったのだろう。

歴代誌における埋葬

歴代誌は、サムエル記と列王記の内容を主たる資料として書かれている。それゆえ、歴代誌の記述とサムエル記・列王記の記述内容に食い違いがある箇所の多くには、歴代誌家独自の思想・神学が反映していると見られる。ここでは、埋葬に関するそうした違いを見てみよう。

最初の違いは、アサの葬り方に見られる。列王記と歴代誌の記述を並べて比べてみよう。


アサは先祖と共に眠りに就き、先祖と共に父祖ダビデの町に葬られた。（列王記上15章24節）

アサは先祖と共に眠りに就き、その治世の第四十一年に死んだ。人々は彼が自分のためにダビデの町に掘っておいた墓に葬り、その作り方に従って調合された種々の香料の満ちた寝台に彼を横たえ、彼のために非常に大きな火をたいた。（歴代誌下16章13―14節）

列王記では、王の死と埋葬の描写に使われる、標準的な表現、「先祖と共に眠りに就き、先祖と共に○○に葬られた」が用いられている。それに対して歴代誌では、埋葬についてより詳細な情報が与えられている一方で、「先祖と共に葬られた」という表現は消えている。その理由は何だろうか。

列王記によればアサは大変良い王で「父祖ダビデと同じく、主の目に適う正しいことを行い」（列王記上15章11節）、「心は生涯を通じて主と一つであった」（14節）。しかし彼は「年老いて足の病にかかった」とされる（23節）。

歴代誌家はアサの病気を罪の結果とみなす。列王記にはアサが罪を犯したという記述はないが、歴代誌家は、アサが病になったのは、列王記上15章16―22節に記されるイスラエルとの戦争の際に、アサがアラムに賄賂を贈ってイスラエルを攻めさせたためだとする。列王記はこの行為の善悪について判断していない。他方、歴代誌ではこの行為が記述された後、先見者がアサに災いを告げ、アサはこの先見者を投獄する（歴代誌下16章1―10節）。そして歴代誌家は、アサの埋葬の前に次のような記述を入れている。

アサはその治世の第三十九年に、足の病にかかり、その病は非常に重かった。その病の中でも、彼は主を求めず、医者を求めた。（歴代誌下16章12節）

歴代誌家が列王記の簡潔な記述から想像力を駆使してアサの罪を追加した様が思い浮かぶ。もう一人、別の王についての記述も同様の例として挙げられる。ヨラムである。ヨラムは列王記によれば「主の目に悪とされることを行った」王であった（列王記下8章18節）。しかし、ヨラムの埋葬の記述はアサ同様、定型的な表現で語られる。

ヨラムは先祖と共に眠りに就き、先祖と共にダビデの町に葬られた。（列王記下8章24節）

しかし、悪い王を歴代誌家が放っておくはずはない。歴代誌の記述を見てみよう。

ヨラムは三十二歳で王位につき、八年間エルサレムで統治した。彼は惜しまれることなく去り、ダビデの町に葬られた。人々は彼を王の墓には納めなかった。（歴代誌下21章20節）

ここでヨラムは、王の墓には入れられなかったとされる。その理由は直前の記述に見つけることができる。

これらすべてのことの後、主はヨラムの内臓を、不治の病で打たれた。日に日を重ね、二年の後には、病のために彼の内臓が外に出て、彼はひどい病苦の中で死んだ。（歴代誌下21章18—19節）

歴代誌家は、今度は列王記が「悪」とみなしたヨラムの罪を書き加えただけでなく、列王記には記されていないヨラムの病までつくり出して殺害している（歴代誌下21章12—17節）。

続いて、列王記が「祭司ヨヤダの教えを受け、生涯を通じて主の目に適う正しいことを行った」（列王記下12章3節）と記すヨアシュについて見てみよう。

人々は彼（ヨアシュ）を先祖と共にダビデの町に葬った。（列王記下12章22節）

ヨアシュは謀反に遭って殺されてしまったが、列王記では他の王と同様に葬られている。ところが、歴代誌では違う。

彼らがヨアシュに重傷を負わせて去って行くと、家臣たちは祭司ヨヤダの息子たちの血のゆえに謀反を起こし、ヨアシュを寝台の上で殺した。彼は死に、ダビデの町に葬られたが、王の墓には葬られなかった。（歴代誌下24章25節）

歴代誌家にとって、謀反で殺されたヨアシュは、その前に何かしら悪事を働いていたはずであった。そこでヨヤダの死後、ヨアシュは異教の崇拝を始め、ヨヤダの息子を殺害したという記述が加えられる（歴代誌下24章17―22節）。しかも、王の墓に入れられることはなかった、というのである。

こうして見ていくと、歴代誌家は因果応報を徹底させていることがわかる。しかも、悪事を行った当人が病になるなど何らかの罰を受けるのである。同時に、病が「穢れ」と認識され、病にかかった王は、生前隔離されるのみならず、死後も先祖と一緒の墓には葬られない。

例えばアザルヤ（別名ウジヤ）は、良い王ではあったが「主が王を打たれたので、アザルヤは死ぬ日まで規定の病にかかり、離宮に住んだ」という（列王記下15章5節）。しかし列王記においては、その埋葬の記述は他の王と変わらない。

アザルヤは先祖と共に眠りに就き、先祖と共にダビデの町に葬られた。（列王記下15章7節）

歴代誌家は、ウジヤ（アザルヤ）の罪をつくり出し（歴代誌下26章16―21節）、そして彼を王の墓の外に葬っている。

ウジヤは先祖と共に眠りに就き、先祖と共に、王の墓のある野に葬られた。彼は規定の病を患う者と言われていたからである。（歴代誌下26章23節）

同様のことは本章冒頭に引用したアハズの埋葬についても言える。「規定の病」とはレビ記一三章に詳述される皮膚病で、口語訳や新共同訳では「重い皮膚病」と訳されている。この病に罹った人は、治癒するまで隔離されねばならなかった。

歴代誌は、この規定の病の患者を死後も隔離しているのである。それだけではない、規定の病以外の患者も同様に隔離している。これら病で死んだ王たちの埋葬に関する記述からは、歴代誌家の「清浄」についての独自の、非常に厳格な見解を垣間見ることができる。

遺体と「穢れ」

聖書は規定の病だけでなく、遺体そのものも穢れをもたらすものとしている。それに触れた人は一定期間穢れた者と数えられる。

また、剣による犠牲者、死体、人の骨や墓に、野外で触れた者もすべて、七日間、汚れる。（民数記19章16節）

何やら新型コロナウイルス感染拡大との関連で昨今求められている二週間の自宅隔離を連想してし

まうのは筆者だけだろうか。申命記の次の一節も「穢れ」についての類似した考え方を示しているのかもしれない。

あなたはその死体を夜通し、木に残しておいてはならない。必ずその日のうちに葬らなければならない。木に掛けられた者は、神に呪われた者だからである。あなたは、あなたの神、主があなたに相続地として与える土地を汚してはならない。

（申命記21章23節）

遺体が伝染病を媒介することを、古代の人々は経験から学んでいたに違いない。そのために一定期間の隔離が求められたのである。蔓延を防ぐために、遺体をきちんと葬る必要があった。しかし、死者同士での伝染ということは理論上あり得ない。歴代誌家にとって病で死んだ王の「穢れ」は、すでに死んで葬られている他の王たちからも遠ざけねばならないもので、病理学的な「穢れ」とは異なるものだったのだろう。そのことは、病で死んだのではないヨアシュが王の墓に入れられなかったことからもうかがえる。

エジプトの王のミイラは、ＣＴスキャンやＤＮＡ分析にかけられ、死因や食生活、親子関係など、様々な情報をもたらしている。考古学者が未盗掘の墓を掘り当ててワクワクするもう一つの理由が、骨や歯などからこうした病理学的・遺伝学的な情報が得られるかもしれないという期待にある。ＤＮＡの研究からは、現在のレバノンの人々とフェニキア人と呼ばれる人々との血縁関係や、古代のカナン人と現代のユダヤ人との血縁関係など、驚くべき事実が浮かび上がりつつある。こうした学問がもっと進展すれば、古代における疫病についてさらに理解を深め、今後の感染症対策への知恵を得ることができるかもしれない。

21 葬送と墓制3

彼女たちは、墓を出て逃げ去った。震え上がり、正気を失っていた。そして、誰にも何も言わなかった。恐ろしかったからである。

（マルコによる福音書16章8節）

富者の墓と貧者の墓

前章で見たように、イスラエル・ユダ両王国の王墓は現在までのところ一つも見つかっていない。しかし、聖書に出てくる人物の墓ではないかと言われているものはある。エルサレム近郊のシルワン村から見つかった、紀元前七世紀の巨大な墓がそれである。かつてこの墓の上にはピラミッド状の屋根石が置かれていた。そのような豪華な墓をつくるには莫大な費用がかかったことであろう。墓から見つかった墓碑には次のように記されていた。

これは宮廷の執事［…］ヤフの墓。銀も金もここにはなく、［彼の骨］と彼の仕え女の骨のみ。
これを開く者は呪われよ。

シルワン村出土の墓碑（紀元前７世紀、大英博物館蔵）

ちょうど被葬者の人名のところが削られており、その正体は不明だが、研究者の中には、この墓がイザヤ書に言及される「宮廷の執事」シェブナだと考える者もいる。シェブナについてはイザヤ書に次のような記述がある。

万軍の主なる神はこう言われる。／さあ、あの執事のところへ／宮廷をつかさどるシェブナのところへ行き／言いなさい。／あなたはここで何をしているのか。／あなたはここの誰との関わりで／自分のためにここに墓を掘るのか。／高い所に自分の墓を掘り／岩をえぐって自分の住まいを造るとは。

（イザヤ書22章15―16節）

預言者イザヤはここで、「宮廷の執事」たるシェブナが立派な墓を造営していることを非難しているのである。墓碑に彫られた肩書と墓の立派さ、そして墓の年代が同定の根拠となっている。シェブナは、列王記下18―19章、イザヤ書36―37章に登場する書記官と同一人物かもしれない。そうだとすれば、アッシリアのセンナケリブがエルサレムを攻囲した時にアッシリア側と交渉した人物の一人だったことになる。いずれにせよ、シェブナがヒゼキヤ王時代の高官であったことは間違いないだろう。

こうした豪華な墓が存在する一方で、豊かでない人々には共同墓地もあった。列王記には次のような記述がある（エレミヤ書26章23節も参照）。

アシェラ像は、主の神殿から、エルサレム郊外のキドロンの谷に運び出し、キドロンの谷で焼き払い、砕いて灰にし、共同墓地にまき散らした。（列王記下23章６節）

ここで「共同墓地」と訳されている語を字義通り訳せば「民の子らの墓」となる。「灰をまき散らす」などという描写から想像するに、共同墓地とは洞穴墓のようなものではなく、おそらく簡素な墓の並ぶ開けた土地につくられた墓地のことだと思われる。もしかすると無縁仏の墓のように、家族墓ですらなかったのではないだろうか。単に地面に穴を掘り、そこに遺体を入れて埋めただけの土壙墓だったかもしれない。

かたや巨大な墓が、かたや共同墓地があったということは、墓にも貧富の差があったことを示している。義人ヨブは財産と子どもたちを突然失った時、「私は裸で母の胎を出た。また裸でそこに帰ろう」（ヨブ記１章21節）と言った。持つ者も持たぬ者も死んでしまえば皆同じ、という思想を言明していると思われるが、現実には富者の墓と貧者の墓には大きな差があったようである。果たしてシルワン村の豪華な墓の中には、本当に銀も金もなかったのだろうか。

弔い

人が死ぬと、多くの遺族がその死を悼む。特にそれが予想すらされなかった突然の死であった場合、遺族の嘆きも大きいことだろう。

サウルの将軍であり従兄弟であったアブネルは、サウルの死後、サウルの遺児イシュ・ボシェトを王に擁立しつつイスラエルの実権を握っていた。やがてアブネルは、すでにユダの王として統治していたダビデを全イスラエルの王とするようイスラエルの長老たちを説得してまとめた後、ダビデに会いに行った。しかしアブネルはそこで、ダビデの将軍ヨアブによって殺害されてしまう。かつて弟をアブネルに殺されていたヨアブが敵討ち（かたきうち）をしたのである。この時、ダビデはアブネルのために激しく泣いたという。

> 彼らはアブネルをヘブロンに葬った。〔ダビデ〕王はアブネルの墓に向かって声を上げて泣き、兵も皆泣いた。
>
> （サムエル記下3章32節）

この後の描写で「すべての兵と、イスラエルのすべての人々はこの日、ネルの子アブネルの殺害は王の意図によるものではなかったと知った」（37節）とあるので、ダビデの激しい嘆きは、アブネルの殺害が自らの責任ではないことを示すためのパフォーマンスだったのかもしれない。

若者や子どもの死が親をどれだけ悲しませるかは容易に想像できる。聖書にも、親族や知人の死に際し嘆く人々の姿が記されている。アブネルの死に際してダビデが見せた涙はパフォーマンスとしての意味合いが大きかったのかもしれないが、自らの息子の死に対しても、ダビデは同様に激しく泣いている。

王は身を震わせ、門の上の部屋に上って泣いた。彼は上（のぼ）って行きながらこう言った。「わが子アブシャロムよ、わが子よ、わが子アブシャロムよ。私がお前に代わって死ねばよかった。アブシャロム、わが子よ、わが子よ。」
（サムエル記下19章1節）

ダビデの息子アブシャロムは戦死したのである。息子の戦死を嘆くのは父として自然だろう。しかしこの戦いは、ダビデとアブシャロムとの間で繰り広げられていた血肉の争いであった。そのため王もさすがに落涙を公にすることは憚ったようで、「門の上の部屋に上って泣いた」と記されている。日本では古来、喪の場において、遺族の代わりに激しく泣くことを生業にしている人がいた。これらの人々の多くは女性で、彼女らは「泣き女」と言われる。こうした職業の人々は古代日本だけではなく、現代の中国や朝鮮半島にもいるとされる。古代西アジアにおいても、同様の役割を担う人々はいたようである。エレミヤ書から見てみよう。

万軍の主はこう言われる。／事を見極め、泣き女たちを呼び、来させよ。／巧みな泣き女たちに使いを送り、来させよ。／彼女たちを急がせ、我々のために／嘆きの声を上げさせよ。
（エレミヤ書９章16―17節）

聖書には「泣き男」も登場する。

それゆえ、万軍の神である主はこう言われる。／どの広場でも嘆きの声が起こり／どの通りでも人々が「ああ、ああ」と言い／嘆くために農夫を／哀悼のために泣き男を呼ぶ。

（アモス書5章16節）

「泣き人間」を雇用できるのは、凄惨な災いが去ってからである。本当の大災害が襲い、多くの人の命が奪われた際には、人を葬る余裕すらない。ここで挙げたテクストに登場するこれら「泣き人間」たちは、現在はまだ到来していない、しかし未来のある時点においてすでに過ぎ去った災いの凄惨さを描くために用いられた文学的装置である。

王国時代以後の埋葬

第一九章で紹介した、自然の岩を掘削してつくった家族墓は、バビロニアによって南ユダ王国が滅ぼされてからしばらくの間、エルサレムから姿を消した。岩をくり抜くような凝った墓をつくれるほどの財力を備えた富裕層がいなくなったからである。

次に立派な墓がつくられるようになったのは、ユダヤ人が自らの王国を持ち、富裕層が再び形成されたヘレニズム時代になってからであった。紀元前四世紀中葉以降、自らの権勢と富を誇示する凝った装飾を施した巨大な墓の建造が、地中海世界一帯に広まっていた。

紀元前二世紀、当時ユダヤを支配していたセレウコス朝シリアによるギリシアの慣習の押し付けに、マカバイ家を中心としたユダヤ人が反抗して立ち上がった。しかし自らが権勢者となると、マカバイ家はギリシアの慣習を取り込んだ豪勢な墓を築くようになった。

シモンは、父と兄弟たちの墓の上に墓を築き、裏も表も滑らかに磨かれた石を使って、よく見えるようにその墓を高くした。また父母と四人の兄弟のために、互いに向き合う七つのピラミッドを建てた。さらにそのピラミッドと調和した巨大な石柱を周囲に建て、これらの石柱の一本一本に永遠の名のために武具一式を彫り込み、海路を行く者が皆見ることのできるようにその傍らに船を刻んだ。（マカバイ記一13章27―29節）

アブシャロムの墓

シモンとは、紀元前一三五年にセレウコス朝からユダヤの半独立を勝ち取り、ハスモン朝を創始してその初代の王となった人物である。マカバイ家の父や兄弟たちとセレウコス朝との戦いを繰り広げた彼は、このような豪華な墓を、国民的英雄であった自分の一家のために築いたのである。残念なことにこの墓は現存していないが、紀元前一世紀に年代づけられる墓がエルサレム周辺で複数見つかっており、シモンが家族のために建てた墓もこれらに近い形であったことが想像される。これらの墓には円錐形もしくはピラミッド状の屋根石があり、側面などにはイオニア式の柱にドーリス式の柱頭部分がつくられている。いずれもヘレニズム時代の他の地域の墓に見られる特徴である。

その中の一つ、通称「アブシャロムの墓」は、先述したダビデの息子アブシャロムの墓と考えられてきた。しかし、様式的には紀元前一〇〇〇年頃のアブシャロムの墓とは到底考えられず、今日では紀元前一世紀の富裕な人物の墓と考えられている。エルサレム近辺のこのような墓は、王国時代と同じく岩を掘削してつくられている。

バビロニアによる征服に至るまでの王国時代の墓は、先述したシェブナの墓などのような立派なものこそあれ、装飾は一切施されていなかった。ヘレニズム時代に入ると、ユダヤ教がギリシア的な慣習の一面は拒否しつつ、別の一面は受容していたことを示している。墓に刻まれている碑文からは、このような立派な墓の被葬者が祭司であったことを示すものもある。当時のユダヤ社会において、祭司は相当な富裕階層に属していたのである。

骨壺

火葬がメインである現代の日本においては、骨壺を墓石などの下に埋葬するのが一般的であろう。

カイアファの子ヨセフの骨壺（1世紀、エルサレム博物館蔵、筆者撮影）

エルサレムのユダヤ人の間で骨壺が使われるようになったのは、紀元前二〇～一五年頃のことであった。もちろん、土の中に遺体を葬るわけではないので、一度洞穴墓などに葬った遺体が自然分解するのを待ち、その後改めて骨壺に骨のみを入れたと思われる。この点、遺体をそのまま入れる石棺とは異なる。当然、骨壺の方が石棺よりはるかに小さい。骨壺は地元で産する石でつくられることが多く、無装飾もしくは簡素な装飾が施されているものがほとんどである。蓋は平らなもの、円形のもの、切妻型のものなどがあり、時として被葬者の名前や肩書などが骨壺のどこかに彫り込まれている。エルサレム周辺で骨壺が使われなくなるのは七〇年のエルサレム神殿破壊後のことであった。

一九九〇年代、エルサレム旧市街の南西部で発掘された墓からは、一二の骨壺が見つかった。そのうちの二つには「カイアファ」に相当する名が

ローマ帝国の納骨壺（1～2世紀、アンカラン出土、コペル地域博物館蔵）

アラム語で記されていた。読者諸賢は、この名前に聞き覚えがあるだろうか。

その頃、祭司長たちや民の長老たちは、カイアファと言う大祭司の屋敷の中庭に集まり、イエスをだまして捕らえ、殺そうと相談した。

（マタイによる福音書26章3―4節）

〔前略〕大祭司は尋ね、「お前はほむべき方の子、メシアなのか」と言った。イエスは言われた。「私がそれである。／あなたがたは、人の子が力ある方の右に座り／天の雲に乗って来るのを見る。」／大祭司は衣を引き裂いて言った。「これでもまだ証人が必要だろうか。諸君は冒瀆の言葉を聞いた。どう思うか。」一同は、イエスは死刑にすべきだと決議した。

（マルコによる福音書14章61―64節）

見つかった骨壺の一つには「カイアファの子ヨセフ」と記されていたが、この人物は一七～三六年に大祭司だった人物である（通称カイアファ）。福音書によれば、イエスの処刑に関係していたのがこの「カイアファ」であったとされる（ヨハネによる福音書11、18章も参照）。カイアファというのは珍しい名前であるため、一般にこの骨壺はイエスの時代の大祭司の骨を納めたものと考えられている。

骨壺がこの時期にだけエルサレム周辺で使われたのはなぜだろうか。ある研究者は、骨壺の使用が、ファリサイ派がこの頃信じるようになった個人的な復活の信仰に基づいていると考える。それは死者が将来、物理的に復活するという信仰で、サドカイ派はこれを否定していた。これよりも前の時代の埋葬では、遺骨は二次葬の際に他の人骨と一緒にされた。しかし一人ひとりの骨を納める骨壺を用意すれば他の人骨と混じることなく、また骨も欠損せずきちんと復活できるとファリサイ派の人々は考えたのだ、というのである。

だが、この説を受け入れるのは難しい。なぜなら、骨壺に葬られている人々のほとんどが当時裕福であった祭司などサドカイ派の人々であり、また一つの骨壺に複数の人の骨が納められていることもあるからである。それが証拠に、七〇年に神殿が破壊され、祭司階級が各地に逃亡した後は、エルサレム周辺からこのような骨壺は姿を消した。この事実は、それ以後に主流となったファリサイ派の人々がこうした骨壺の慣習を持っていなかったことを示していると言える。

むしろ、こうした骨壺の出現は、エルサレムの富裕層がヘレニズム時代特有の豪華絢爛な墓の建築様式を採り入れたように、当時のローマ帝国の納骨壺の流行を採用したものと考えてよいだろう。ただし、ローマ帝国で骨壺に納めたのは火葬した骨であった。

イエスの墓

本章冒頭で引用した節は、葬られたばかりのイエスの墓にやって来た三人の女性が、墓の中に若者がいて、イエスの遺体を納めた場所が空であることを示したのを見て驚いた場面である。イエスが葬られた墓については、その前の部分の記述から知ることができる。

アリマタヤ出身のヨセフが、思い切ってピラトのもとへ行き、イエスの遺体の引き取りを願い出た。この人は高名な議員であり、自らも神の国を待ち望んでいた人であった。ピラトは、イエスがもう死んでしまったのかと不思議に思い、百人隊長を呼び寄せて、すでに死んだかどうかを尋ねた。そして、百人隊長に確かめたうえで、遺体をヨセフに下げ渡した。ヨセフは亜麻布を買い、イエスを取り降ろしてその布に包み、岩を掘って造った墓に納め、墓の入り口に石を転がしておいた。マグダラのマリアとヨセの母マリアとは、イエスの納められた場所を見届けた。

（マルコによる福音書15章43―47節）

イエスが息を引き取ったのは、安息日が始まる金曜日の日没直前であった。前章で見たように、申命記21章23節によれば、たとえ罪人のものであっても遺体を夜通し木に掛けたままにしてはいけなかった。しかし、安息日に入れば一切の労働ができなくなる。当然埋葬も労働に相当する。そこでこの緊急事態にあって、アリマタヤのヨセフは、本来は自分の家族以外の人は葬らない家族墓にイエスの遺体を葬ることにしたのである。

「高名な議員」としてローマ総督のピラトに面会が可能であること、また「岩を掘って造った墓」を所有していることからも、ヨセフが裕福な人であったことがうかがえる。

翌朝、三人の女性たちはイエスの亡骸がないことに驚くのであるが、福音書の記述によれば、これはイエスが復活したことを証ししていることになる。ただし、安息日の翌日であるから、安息日の日没後から翌日の朝までの間に、すでに埋葬されていたイエスの遺体を誰かが取り出して、より簡素な土壙墓に埋葬することは十分可能であった。また、家族墓が本来家族しか葬らない墓であること、イエスがガリラヤの貧しい階層の出身であったことを考え合わせると、イエスの身分に相応する土壙墓に改葬されたのかもしれない。どちらにせよ、イエスの骨が骨壺に入れられなかったのは確かである。

22 戦争1

主は国々の間を裁き／多くの民のために判決を下される。／彼らはその剣(つるぎ)を鋤(すき)に／その槍を鎌に打ち直す。／国は国に向かって剣を上げず／もはや戦いを学ぶことはない。

（イザヤ書2章4節）

人類史における戦争

人類史上、戦争のない時代はおそらくなかった。むろん戦争の定義にもよるが、人間の集団同士が武器を手にし、生死をかけて戦うという意味での戦争がない時代は一度もなかったと思われる。それだけに、本章冒頭で引用したイザヤ書の言葉は、現実味のないユートピア論のようにも響く。

戦争には様々な原因があろう。中でも資源をめぐる戦争は枚挙に暇がない。資源をめぐる戦争というと、近代の帝国主義以降の戦争が思い浮かぶかもしれないが、実際ははるか昔から人間は資源をめぐって相争ってきた。例えば、限られた食料をめぐる争いもその一つである。人類史上勃発してきた多くの戦争の究極的な目的は、資源の獲得と独占に収斂されるかもしれない。

第一次世界大戦で導入された総力戦と、大量破壊兵器の登場によって、現代の戦争はさらに悲惨なものとなった。

ある意味で人類の「歴史」の一端を記述する聖書にも、戦争や戦闘を描く場面が登場する。それらの物語の背景を理解するためには、聖書が記された時代の戦争について知る必要がある。すでに第一二章と第一三章で、市壁や市門、攻城戦などについて扱っているが、本章では戦争で用いられる武具を取り上げてみよう。

ゴリアトの武具

はじめに、聖書の中で最も詳しく個人の武具を描いているサムエル記上17章の記述を見てみよう。少年ダビデと戦うペリシテ人の巨人戦士ゴリアトの描写である。

> 頭には青銅の兜をかぶり、身には青銅で五千シェケルの重さのあるうろことじの鎧を着て、足には青銅のすね当てを着け、肩には青銅の投げ槍を背負っていた。槍の柄は機織りの巻き棒のようであり、穂先は鉄六百シェケルあった。彼の前を盾持ちが進んだ。（サムエル記上17章5―7節）

武具は主として攻撃に用いられる武器と、防御のための防具に分類できる。ゴリアトの武器としては「青銅の投げ槍」、防具としては「青銅の兜」と「うろことじの鎧」、「青銅のすね当て」、そして自分では持たないものの盾持ちに持たせた「盾」が挙げられている。ここでは攻撃のための武器として「投げ槍」しか挙げられていないが、いざ対決の場面では、ダビデの口から「お前は剣や槍や投げ槍で私に向かって来る」（45節）と発せられることから、ゴリアトがさらに「剣」や「槍」を持っていたことが暗示されている。
ペリシテ人であったゴリアトの武具は、イスラエル人のそれとは多少異なっていたかもしれない。古代イスラエルにおける一般的な武具一式についての情報は、ユダの王ウジヤが兵に支給した武具について記す次のテクストから得られる。

ウジヤは全軍のために盾、槍、兜、鎧、弓、投石用の石を準備した。（歴代誌下26章14節）

以下では、順不同になるがこれらの武具を一つ一つ見ていこう。

剣

古代の武器といって思い浮かぶのはなんだろうか。武術を極めれば全身が武器になるという。しかしここでは道具として殺傷能力のある武器について考えてみよう。殺傷能力があるという観点からいえば、怪力の士師サムソンが一〇〇〇人を倒したというロバの顎の骨なども高い殺傷能力を持っているわけであるが（士師記15章15―17節）、これは持つべき人が持つことによってそのような大量殺戮が可能になったわけであり、例外と考えてよいだろう。したがってここでは戦争で使われる一般的な武器を扱うこととする。

その日、それらの町から出て来たベニヤミンの人々は、剣を携えた兵士二万六千人と、さらにギブアの住民から精鋭七百人を動員した。全軍の中でも、精鋭七百人は左利きの者から成り、その全員が、髪の毛一筋さえも外すことのない投石の名手であった。（士師記20章15―16節）

この箇所は、ベニヤミン族とイスラエルの他の部族との間で内戦が行われた時の出来事を描写するくだりである。戦争の描写であるから、ここで人々が手にしている剣が一般的な武器であったと考えてよいだろう。先ほどのウジヤが支給した装備の中には剣が挙げられていないが、その理由は、兵士それぞれが自前で持っていたからではないかと思われる。アッシリアの浮彫を見ると、兵士のほとんどがその腰に剣を差しているのがわかる。

アッシリアの剣の柄（紀元前865～860年、大英博物館蔵、筆者撮影）

モアブの王エグロンを士師エフドが暗殺する場面を描く士師記3章には、凶器である剣の細かい描写がある。

エフドは左手を伸ばして右腿から剣を抜き、王の腹を刺した。剣は刃から柄まで突き刺さり、脂肪が刃を塞いだ。剣を王の腹から抜く間も惜しんで、彼は窓から外に出た。（士師記3章21―22節）

この描写から、剣には柄があったことがわかる。もっとも、刃を手で直接持つわけにはいかないのだから、剣に柄部分があるのは当然だろう。さらに、この剣は切るのではなく、刺して使っていることもわかる。右

パレスチナ各地出土の剣と短剣（紀元前15～13世紀、イスラエル博物館蔵、筆者撮影）

腿に挿して隠し持つことができたということは短剣だったのであろう。

剣は接近戦における主要な武器であった。数少ない出土例や浮彫などに描かれている剣を見ると、古代西アジアで一般的な剣は、両刃だったようである。片手に盾を持つ都合上、片手で用いる剣が多かったと思われる。

石投げひも

さて、先ほどの士師記20章の軍勢の描写には、「投石の名手」という表現があった。古来、石は立派な武器であり、実戦でも使われた。熟練した人間が専用の石投げひもを用いれば、かなり遠くの標的を狙うことが可能であった。

石投げひもを効果的に使って敵を倒した聖書の人物といえば、先ほど武具一式の描写で取り上げたゴリアトを一撃のもとに倒したダビデが思い浮かぶ。

ダビデは袋に手を入れて石を取り出すと、石投げひもを使ってペリシテ人目がけて飛ばし、その額を撃った。石はペリシテ人の額に食い込み、彼はうつ伏せに倒れた。こうしてダビデは石投げと一個の石でそのペリシテ人に勝ち、彼を撃ち殺した。ダビデの手には一振りの剣もなかった。

アッシリアの投石兵（紀元前 700 ～ 692 年、大英博物館蔵、筆者撮影）

（サムエル記上17章49―50節）

ここでのダビデは、年若い羊飼いの少年という設定である。石投げひもは、軍隊のみならず一般の人も用いるかなりポピュラーな武器だったのだろう。パレスチナのように石の入手が容易な地域においては、最も身近な飛び道具であったかもしれない。大規模な軍勢で古代西アジア世界を席巻したアッシリア軍を描く浮彫にも、敵に向かって隊列を組んで投石する兵士の姿がある。また、ラキシュ攻城戦の浮彫には、素手で石を投げるユダの兵士の姿も見える。

槍

槍もまた、古代の西アジアで一般

的な武器の一つであった。古代西アジアでよく用いられたのは、投げることもできる槍だったようである。オリンピック競技にもある槍投げでは、トップクラスの選手は男子で八〇メートル以上、女子でも六〇メートル以上投げることができる。聖書にも槍を投げて使う場面が何度かある。

> サウルはヨナタン目がけて槍を投げ、殺そうとした。（サムエル記上20章33節）

もちろん槍は突いて使うこともできた。つまり、飛び道具としても、接近戦の武器としても使えたのだろう。

> また、一人の屈強のエジプト人を討った。エジプト人は槍を手にしていたが、ベナヤは棒を持って襲いかかり、エジプト人の手から槍を奪い、その槍でエジプト人を殺した。
> （サムエル記下23章21節）

なお、聖書協会共同訳では、ダビデの将軍ヨアブがダビデの息子アブシャロム殺害に用いた凶器を、おそらく七十人訳に倣って「投げ槍」と訳しているが（サムエル記下18章14節）、ここで用いられているヘブライ語の単語「シェベト（שבט）」はサムエル記下23章21節で「棒」と訳されている単語と同じである（新共同訳では「棒」）。この箇所では、アブシャロムが「木の真ん中」にいたまま「木で心臓を貫かれる」というアイロニーが描かれている（「真ん中」と「心臓」は共に「レヴ（לב）」で同じ語）の

槍を構えるアッシリア騎兵（紀元前728年頃、大英博物館蔵、筆者撮影）

であり、棒で心臓を貫くという一見無茶に見える行為の描写にも意味がある。七十人訳では論理的に棒で心臓を貫くのは難しいと考えて「投げ槍」に変更したのかもしれない。もっとも、棒も先を尖らせれば十分武器として使うことができる。ここでヨアブの残虐性が強調されていることは、「三本の棒」すべてをアブシャロムの心臓に突き刺していることからうかがえる。

本章冒頭で引用したイザヤ書の中では、平和な状態の象徴として二つの武器がそれぞれ農具に打ち直されている。その二つの武器が槍と剣であることからもこれらが代表的な武器であったことが明らかであろう。

弓矢

銃の登場までの飛び道具といえば弓矢であろう。かつて、長さが約一二一メートルある京都の三十三間堂本堂の軒下を端から端まで射通す「通し矢」という行事があった。弓矢は角度をほとんどつけずに発射してもこの飛距離に達するわけだから、角度をつければかなり遠くまで射ることが可能であった。そのため、直接標的を狙って射るだけでなく、文字通り矢の雨を降らせることにより、敵の接近を遅らせたり、損害を与えたりすることもできただろう。現在の弓道では三〇メートルか六〇メートルの距離で競い合う。正確に相手を倒すことを目指す場合の弓の射程距離は古代においてもそのくらいであったと思われる。聖書にも弓矢は主要な飛び道具として登場する。

ところが、一人の兵士の引いた弓が、図らずもイスラエルの王の鎧の継ぎ目の間を射抜いた。（列王記上22章34節）

弓の素材は木材が多いためか、遺跡から出土することはほとんどない。他方、矢は鏃（やじり）の部分が出土することがある。日本の調査団が二〇〇六年から発掘を実施している下ガリラヤ地方のテル・レヘシュでも、青銅の鏃が何点か出土している。

そのうちの二つは特徴的な「スキタイ・イラン系」と呼ばれる三翼型のもので、一つは紀元前七世紀後半から紀元前六世紀にかけて、もう一つは紀元前六世紀前半から紀元前四世紀前半にかけて用いられたものであることが判明した。同タイプの鏃が、紀元前六世紀初頭のバビロニアによるエルサレム攻略時の破壊層から出土していることから、当時のテル・レヘシュには、バビロニアなど、メソポタミアからの軍隊が駐屯していた可能性がある。

青銅製三翼鏃（紀元前７～６世紀、テル・レヘシュ出土、テル・レヘシュ・プロジェクト提供）

兜

攻撃に使う武器と表裏一体なのは防具である。防具の主役は、頭を守る兜と身体を保護する鎧であ

ラキシュに籠城するユダの兵士（紀元前 700 ～ 692 年、大英博物館蔵、筆者撮影）

った。少年ダビデがゴリアトとの一騎打ちに名乗りを上げた時の場面から見てみよう。

サウルはダビデに自分の装束を着せ、青銅の兜をその頭に載せ、身には鎧を着けさせた。

（サムエル記上17章38節）

兜については、それが青銅であること以外、情報がない。アッシリア軍が南ユダ王国の町ラキシュを攻撃した様を描いた浮彫に描かれている南ユダの兵士は、ある者は先端が尖った兜状のものを被っており、ある者は頭に耳当てがついたターバン状のものを被っている。古代のパレスチナにおいては、青銅の兜を被ることができたのはサウルなどといった王や一部の高官だけだったのかもしれない。

鎧

サウルはゴリアトとの戦いの前、ダビデに自らの鎧を

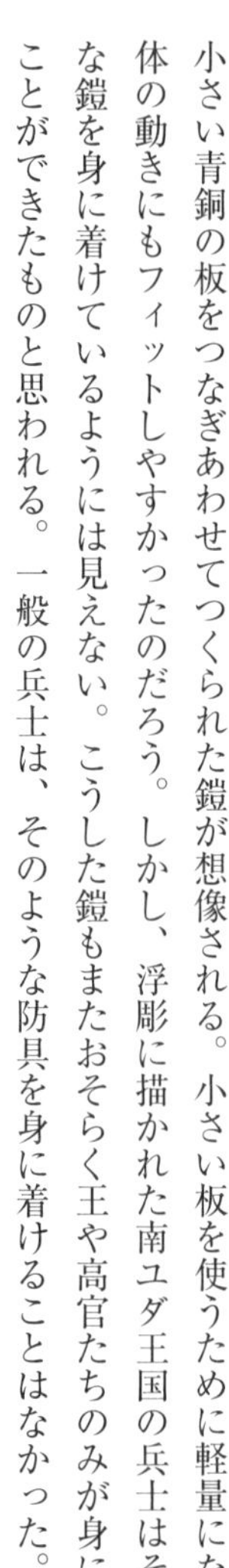

身に着けさせている。兜同様、鎧についての記述も聖書の中にはあまり見出せない。

先に引用した列王記上22章34節に「鎧の継ぎ目」という表現があることから、小札（こざね）状の鎧という、小さい青銅の板をつなぎあわせてつくられた鎧が想像される。小さい板を使うために軽量になり、身体の動きにもフィットしやすかったのだろう。しかし、浮彫に描かれた南ユダ王国の兵士はそのような鎧を身に着けているようには見えない。こうした鎧もまたおそらく王や高官たちのみが身にまとうことができたものと思われる。一般の兵士は、そのような防具を身に着けることはなかった。

青銅の鎧の小札（紀元前13世紀、ハツォル出土、イスラエル博物館蔵、筆者撮影）

楯

鎧のない兵士でも盾を持つことはあった。降り注ぐ矢に対し、何も防具がないのはあまりにも危険である。聖書中、楯の記述は、兜や鎧に比べると多い。

盾には大盾と小楯の二種類があったようである。エゼキエル書は、神がユダ王国に差し向ける軍隊について次のように描写する。

彼らは大盾、小盾、兜をもって、あなたの周りに立ち構える。（エゼキエル書23章24節）

大盾を持つアッシリア兵と弓兵（紀元前700～692年、大英博物館蔵、筆者撮影）

小楯と投げ槍を手にするアッシリア兵（紀元前700～692年、大英博物館蔵、筆者撮影）

大盾「ツィンナー（צנה）」は、おそらく地面に立てて敵の矢から身を防ぐための防具だったと思われる。アッシリアの浮彫には大盾を持つ兵士の姿が描かれているが、彼らはしばしば弓兵と一緒に描かれていることから、大盾は、両手で弓を引く時に防御が疎かになる弓兵の身を保護するために用いられていたと想像される。小楯「マゲン（מגן）」の方は、騎兵が片手に持っている姿がやはりアッシリアの浮彫に描かれている。

では、どうして「マゲン」が小盾で「ツィンナー」が大楯を指すとわかるのだろうか。そのヒントの一つは、テクストの文脈から得ることができる。エゼキエル書26章8節には「あなたに対して包囲壁を造り／塁を築き／大盾〔ツィンナー〕を立てる」と記されている。この記述から、攻城戦の際、攻撃側が準備するものの一つにツィンナーがあることがわかるため、先ほど言及したアッシリアの浮彫の場面などを参照すれば、ツィンナーが大盾を指すと考えてよいだろう。

盾は、防具の中心的存在であったようで、そのことは盾が攻撃を防ぐものの譬えに用いられていることからもわかる。とりわけ、神が盾に譬えられるケースが目立つ。例えば創世記15章1節では、神がアブラハムに「私はあなたの盾である」と告げ、出エジプト記15章の「モーセの歌」の冒頭では、モーセが「主は私の力、私の盾。私の救いとなられた」と神について歌っている。また詩編には神を盾に譬える表現が頻出する。

新約聖書でも、盾は比喩表現に用いられている。エフェソへの信徒の手紙は、譬えとしてだが、「神の武具」一式に触れている。

神の武具を取りなさい。つまり、立って、真理の帯を締め、正義の胸当てを着け、平和の福音を告げる備えを履物としなさい。これらすべてと共に、信仰の盾を手に取りなさい。それによって、悪しき者の放つ燃える矢をすべて消すことができます。また、救いの兜をかぶり、霊の剣、すなわち神の言葉を取りなさい。

（エフェソの信徒への手紙6章13―17節）

信徒の携える武器としてここでは剣のみしか言及されていないのに対し、守りは複数の防具で相当固くするよう命じられている。当時のエフェソの信徒たちが信仰を保つ上でかなり苦戦していたことを暗示しているのかもしれない。

23 戦争2

来て、主の業を仰ぎ見よ。／主は驚くべきことをこの地に行われる。／地の果てまで、戦いをやめさせ／弓を砕き、槍を折り、戦車を焼き払われる。

（詩編46編9—10節）

戦車

前章では、戦争で個人が用いる様々な武具について紹介した。本章では古代西アジア世界で使われた、より大掛かりな軍事兵器について見ていこう。

最初に取り上げるのは戦車である。現代において「戦車」というと、たいていは英語のtankを指す。しかし、現代の戦車は第一次世界大戦の時に初めて実用化された。それまでの戦車は、馬に曳かせて戦場を駆け巡る乗り物（英語でchariot）を指した。古代西アジア世界で用いられたのもこちらである。

戦車に必要なのは馬と車輪である。馬はかなり昔から中央ユーラシアで家畜化されていたようだが、それが西アジアに伝わったのは紀元前三千年紀ではないかと思われる。今日の自転車などに見られるようなスポークのついた車輪が発明されるのが紀元前二〇〇〇年頃で、それが戦車の車輪に用いられるようになったのは紀元前二千年紀の前半と想定される。戦車が歴史の表舞台に登場するためには、この二つの重要な発明と、それらを組み合わせて使うという発想が必要だったのである。

戦車は二頭立てか四頭立てで、車輪は両側に一つずつつけられていた。車両自体は日本では馴染みがある、いわゆる「リアカー」のイメージである。ツタンカーメン王の墓からは紀元前一四世紀の戦車がそっくり見つかっているが、材質は木であった。馬に曳かせて高速で動き回ることのできる機動性がこうした戦車の売りであったため、装甲が重要である現代の戦車とは異なり、かなり軽くできていたのだろう。

ツタンカーメンの戦車（紀元前 14 世紀後半、エジプト考古学博物館蔵）

戦車には基本的に三人一組のチームが乗車した。一人は御者、もう一人は盾を持った防御者、そして弓を引く人物である。両手で弓を絞るために防御が疎かになる射手の横には、防御に徹する人物が必要であった。御者も両手で手綱を持つので防御は難しいはずであるが、戦闘中の戦車を描いた図像資料を見ると、どうやら盾は御者を守ってはいないようである。弓を引くのが王や貴族など位の高い人であったからかもしれない。

戦車の最大の威力は、攻撃力よりもむしろその機動能力にあった。二頭立てもしくは四頭立ての戦車のスピードは、時速五〇キロメートル以上に達した。全盛期のウサイン・ボルトが全速力で走っても時速四五キロメートルほどにしかならないわけだから、戦車は人間が走るよりはるかに速い速度で戦場を移動することができたのである。このことを念頭に置くと、列王記上18章44―46節で、エリヤがいかに速く走ったのかが理解できる。高速度で移動できる戦車は、移動中に矢を射かけて敵の軍勢を混乱に陥れたり、潰走する敵の軍勢を追撃したりすることができた。これに加えて、馬が曳く大型装置がもたらす脅威という視覚的な効果もあったことだろう。むろん、戦車がその威力を発揮できたのは平野部であった。

紀元前二千年紀の後半、戦車が西アジア世界に登場して間もない頃は、戦車で戦場を駆け巡ることは上層階級、すなわち軍事的エリートの特権だったようである。エーゲ海地方で栄えたミケーネ文明の戦士の墓からは、戦車に乗った人物が描かれた壺がよく出土する。ただし、これらの壺に描かれているのは戦闘場面ではなく、儀礼的な場面のようで、戦車には二人の人間しか搭乗していない。こうした戦士が描かれたミケーネ産の壺は海を渡り、同時代のキプロスやパレスチナにも輸入されていた。これらもやはり墓から出土していることから、同様の文化が東地中海世界一帯にあったことが想像される。パレスチナにおいては、こうしたおそらく高価な輸入品を副葬品とすることには、社会的地位と同時に富を誇示する意味もあったのだろう。

それでは、戦車に言及する聖書の箇所を見てみよう。

ファラオはその戦車に馬をつなぎ、その軍勢を率い、六百台のえり抜きの戦車とエジプトの全戦車を集め、そのすべてに補佐官を配備した。

（出エジプト記14章6―7節）

エジプトのファラオは、よく戦車に乗って弓を引く姿で描かれている。引用箇所はエジプトを脱出しようとするイスラエル人を追跡するファラオの描写である。六〇〇両の戦車を走らせるためには馬の数も最低一二〇〇頭は必要であったし、それらは「えり抜き」のみの数であったことから、かなりの大軍であったことが想定される。なお、ここで「補佐官」と訳されている単語は「シャリーシュ（šlš）」であるが、この語は「三」を意味する単語の派生語であることから、「第三の人物」という意味ではないかと考えられている。前述のように戦車の一チームは三人である。射手と御者の二人は不可欠であることから、これら二人を除いた盾を持つ人物が「シャリーシュ」であったと考えられるだろう。

戦車に乗る戦士が描かれた壺（紀元前14世紀前半、エンコミ出土、キプロス博物館蔵、筆者撮影）

　紀元前八五三年に北シリアでアッシリア軍とシリア・パレスチナ諸国の連合軍とが戦った時、イスラエル王アハブが率いていた戦車の数が二〇〇〇両であったとアッシリア王の碑文は記している。この数はシリア・パレスチナ連合諸国のうち最大であった。アッシリア王の碑文も出エジプト記も、どちらも敵の数を多く記して敵の強大さを強調することにより、それに打ち勝った自分たち（出エジプトの場合は神）の強さを際立たせるという意図があったと思われるため、数字の歴史的な信ぴょう性は高くない。そうであったにせよ、戦車が当時、軍勢の規模

アッシリアの戦車（紀元前865～860年、ニムルド出土、大英博物館蔵、筆者撮影）

や強さを表すバロメーターであったことは疑う余地がない。現代でも軍隊は、保有する航空機、船舶、戦車等の数量とその性能で実力を推し量られる。

シセラはすべての戦車、すなわち九百台の鉄の戦車と、全軍をハロシェト・ハゴイムからキション川へと呼び集めた。　（士師記4章13節）

カナン人の将軍シセラが、士師バラク率いるイスラエル人たちと対峙するために招集した戦車が九〇〇両とある。「鉄の戦車」を持つカナン人は手強いという文言は、パレスチナ定着期のイスラエルの歴史を語る書物に繰り返し登場する（ヨシュア記17章16、18節、士師記1章19節、4章3節）。現在の考古学的研究は、「イスラエル」と呼ばれるようになった集団がまずパレスチナ中央丘陵地域に拠点を置き、後に平野部へと勢力を拡大していった経緯を跡付けている。「鉄の戦車」の記述は、平野部で戦車を有し、力を持っていた都市国家勢力との激しい戦いの記憶を反映しているのかもしれない。

戦車の数が明らかに誇張と思われるのは次の記述である。

一方、ペリシテ人はイスラエルと戦うために集結した。その戦車は三万、騎兵は六千、兵は海辺の砂のように多かった。（サムエル記上13章5節）

戦車はエリート軍人、おそらくは職業的軍人の乗り物である。三万両の戦車のためには最低六万頭の馬、そして九万人の兵士が必要である。それだけの馬や職業的軍人の存在を可能とするためには広大な農地を持つ必要があったが、ペリシテ人の支配地域は狭く、これだけの人口を支えることすら難しかったはずである。現在の日本では人口一億二〇〇〇万人に対して自衛隊員の数が二五万人弱であるから、人口のおよそ〇・二パーセントが職業軍人ということになる。この人口比を使って単純に逆算するならば、ペリシテの総人口は、四五〇〇万人となり、韓国の総人口に近い。栄華を極めた人物として描かれるソロモンが持っていた戦車の数が一四〇〇両とあることからも（列王記上10章26節）、「三万」という数字が途方もない数字であることがわかるだろう。

戦車は、王のステータスでもあったようである。ダビデの在位中にクーデターを起こした二人の王子アブシャロムとアドニヤも、それぞれ戦車と護衛兵を準備している（サムエル記下15章1節、列王記上1章5節）。「戦車隊の長」がクーデターで王となることもあった（列王記上16章9節）。王は戦争の総司令官であったため、戦車は指揮を執るために使われたと同時に、戦局が悪化した場合の逃亡や、戦勝時の凱旋などの時にも使われたのだろう。

騎兵

戦車と騎兵は、出エジプト記のファラオの軍勢を描写する場面においてしばしばセットで登場する。

水は元に戻り、戦車も騎兵も、彼らの後を追って海に入ったファラオの軍隊すべてを呑み込み、一人も残らなかった。

（出エジプト記14章28節）

戦車も騎兵も、両方に馬が関係している。すでに述べたように、西アジアにおいてもかなり古くから馬は家畜として使用されていたようである。しかし、同地域で騎兵が登場した時代はそれほど早くはなかったらしい。西アジアで兵士が馬に乗った姿で表現されている最古の例は、シリアのテル・ハラフという遺跡から出土した紀元前一二〇〇～九〇〇年頃の浮彫である。盾を背負い、兜を被り、こん棒のようなものを持っているように見えることから、この馬上の人物は兵士であると考えられているが、必ずしもそうではない可能性もある。いずれにせよ、紀元前一三世紀頃の出来事と広く考えられている出エジプトの時代に、騎兵が西アジアにいたことを示す証拠はない。

現存する図像資料を見ると、紀元前一千年紀前半の騎兵が乗る馬には手綱や銜（くつわ）はあっても、鞍（くら）や鐙（あぶみ）がない。これらが発明されたのは、紀元前一千年紀に入ってからで、実用化されて普及したのはその後半であったと思われる（ロバにつける鞍はあった）。そのため、エレミヤ書46章4節を聖書協会共同訳は「騎兵よ、馬に鞍を置いて乗れ」と訳しているが（新共同訳も同様）、これは誤訳と見てよいだろう。この箇所には「鞍」という単語も出てこないばかりでなく「置く」という動詞もない。口語訳の

馬上の人物（紀元前1200～900年、テル・ハラフ出土、大英博物館蔵、筆者撮影）

「騎兵よ、馬を戦車につなぎ、馬に乗れ」も「戦車」という原語にはない語を補っているし、戦車をつけた馬に騎兵が乗るかのような誤った印象を与えかねない。ここでは「馬具を（馬に）つけよ」と言っているのである（同じ動詞は後で引用する列王記下9章21節で使われている）。

筆者は経験がないが、鞍をつけずに長時間騎乗するのは大変らしい。また、鐙がないと、馬上で踏ん張ることができない。その場合、両脚の内転筋で馬の身体を挟み、大変不安定な状態で武器を扱わねばならず、下手をすれば落馬の危険もあった。そのため、騎兵と言っても、中世ヨーロッパの騎士のように重い槍で突撃するような戦い方をしたのではなく、あくまで弓と細い槍で戦ったり、その機動力を生かして通信に使われたりしたようである。鐙の発明によって騎兵の戦い方と攻撃力に変化が生まれ、それに伴って彼らの軍隊における地位にも大きな変化が訪れたと言えよう。

次に引用するのは、戦時中にクーデターを起こしたイエフが、主君である王ヨラムを討とうと彼のいる町イズレエルへと戦車を走らせる場面である。

イズレエルの塔の上に立っていた見張りは、近づいて来るイエフの軍勢を見つけ、「軍勢を発見」と叫んだ。ヨラムは、「騎兵を一人呼んで会いに行かせ、『どうしたのか』と尋ねさせよ」と命じ

矢を射るアッシリア騎兵（紀元前865〜860年、ニムルド出土、大英博物館蔵、筆者撮影）

た。騎兵が会いに行き、「王が『どうしたのか』と尋ねております」と言うと、イエフは、「どうであろうと、お前と何の関わりがあるのか。後ろに回れ」と答えた。やがて見張りは、「使いの者は彼らのところに行きましたが、戻って来ません」と報告した。そこでヨラムは二人目の騎兵を送った。騎兵が彼らのところに行って、「王が『どうしたのか』と尋ねております」と言うと、イエフは、「どうであろうと、お前と何の関わりがあるのか。後ろに回れ」と答えた。やがて見張りは、「使いの者は彼らのところに行きましたが、戻って来ません。あの戦車の走らせ方は、ニムシの子イエフの走らせ方と同じです。狂ったように走らせています」と報告した。するとヨラムは、「馬をつなげ」と命じた。馬が戦車につながれると、イスラエルの王ヨラムと、ユダの王アハズヤは、それぞれ自分の戦車でイエフに会いに出かけ、イズレエル人ナボトの所有地で彼を見つけた。ヨラムはイエフを見ると、「どうしたのか、イエフ」と尋ねたが、彼は、「何がどうしたのかだ。あなたの母親イゼベルの淫行と呪術がはびこっているというのに」と答えた。ヨラムは手綱を返して逃げ出し、アハズヤに向かって叫んだ。「裏切りだ、アハズヤ。」イエフは弓を引き絞り、ヨラムの両肩の間を射た。矢は胸を貫き、彼は戦車の中に崩れ落ちた。

（列王記下9章17―24節）

ここからは、騎兵が通信兵として用いられていること、戦車の操縦の仕方によって誰が戦車を走らせているのかわかること（御者ではなく、御者に命令する人物、あるいはその人物を筆頭とするチームを指すと思われる）、戦車は常時馬につながれているわけではなく出陣時につながれることなどが読み取れる。また、王がそれぞれ戦車を持っていることもうかがえる。

最後にヨラムは車上で命を落とすが、彼に致命傷を与えたのはイエフが放った矢であった。もしかするとヨラムは、イエフが自分を殺す気だとは思わず彼に向かって戦車を走らせたため、盾を持つ「補佐官」を乗せていなかったのかもしれない。戦車に乗っているところを射られて車上で絶命した王は列王記上22章34―35節にも登場する。また、王の遺体を戦車で運ぶ場面も列王記には二度登場する（列王記下9章28節、23章30節）。王と戦車との強い結びつきをこうした記述からもうかがうことができよう。

ソロモンは騎兵を一万二〇〇〇騎所有していたという（列王記上5章6節、10章26節）。これは聖書が記す最大の騎兵数である。ただし、聖書全体としては、戦車の方が騎兵よりも言及回数が多い。その理由は、騎兵が攻撃の要となったのが鞍や鐙を用いるようになった王国時代よりも後だったからで

馬と騎兵（紀元前８～６世紀、アフジヴ出土、イスラエル博物館蔵、筆者撮影）

はないかと思われる。そうだとすれば、列王記が記述するソロモン王の騎兵の数も、後の時代の現実を過去に投影して創作された可能性が高い。

戦車も騎兵も馬がないと始まらない。馬は、自動車が普及する近代に至るまで軍事的な価値が高かった。それは次の一節からも読み取れる。

エジプトから輸入された戦車は一台六百シェケル、馬は一頭百五十シェケルであった。同じように、それらは王〔ソロモン〕の御用商人を通して、ヘト人やアラム人のあらゆる王侯に輸出された。（列王記上10章29節）

むろん、これが史実であるかどうかを確かめるすべはないが、エジプトからシリア方面へ輸送する物資の仲介貿易というのは地理的に考えて十分現実的に見える。ソロモンの戦車や騎兵の数を見ると、「王は自分のために馬を増やしてはならない」（申命記17章16節）という王が守るべき律法に大きく背いていることもわかる。

本章冒頭の詩編からの引用箇所は、軍隊における戦車の重要性を象徴している。聖書には預言者が戦車や騎兵と呼ばれている箇所がある。

さて、エリシャが死に至る病を患っていたときのことである。イスラエルの王ヨアシュが彼のところに下って来て、その前で泣いて言った。「わが父よ、わが父よ、イスラエルの戦車よ、その騎兵よ。」（列王記下13章14節）

同様の記述は、エリシャの先駆者エリヤが天に挙げられる場面にもある（列王記下2章12節）。七十人訳では「戦車」ではなく、「戦車の御者」であり、「騎兵」と二詞一意を成して軍人としての肩書を表す句であったようである。預言者が戦車や騎兵に譬えられていることから、彼らが戦時において重要な役割を果たしていたことが想像される。

24 戦争3

憐れみ深い女たちの手がわが子を煮炊きして／娘であるわが民の破滅の時に自分の食物とした。
（哀歌4章10節）

遺跡に残された戦争の手がかり

過去の戦争はどのように検証することができるだろうか。戦争について言及するすべてのテクストが、実際に起こった戦争について述べているわけではない。また、記録に残っている戦争がすべてその通りに展開したとも限らない。逆に記録に残っていない戦争もこれまで数え切れないほどあっただろう。古代における戦争の物的証拠にはどのようなものがあるのだろうか。

第二二章と第二三章では二回にわたり、大小様々な武具・兵器について紹介した。これらが遺跡から出土した場合、それが出土したこと自体をそこで戦争があったことの証拠とみなすことができるだろうか。戦士の墓にはよく剣が一緒に埋葬されるが、そうした剣は通常、副葬品として一緒に埋められたものと考えてよいだろう。武器がまとまって出土する部屋があったとすれば、それは武器庫だったのかもしれない。墓や武器庫の存在自体が、その場所で戦争があったことを物語るわけではない。むしろ、それらに使用の痕跡がないならば、戦争がなかったことの証拠にすらなる。このように、武具・兵器が見つかっただけでは、それを戦争がそこで起こった証拠とはみなせないのである。

ここで大事なのは、出土した遺物の「コンテクスト」である。ある都市遺跡の市門付近で、遠方の地域の人々が使う鏃（やじり）が多数発見され、市壁には破壊の痕跡が見られる。都市内の家屋の床に置かれていた多数の壺が崩落した屋根によって一斉に潰され、焼け落ちたレンガなどを含む厚い灰の層（焼土層）に覆われている。別の部屋の床からは頭蓋骨に鏃が突き刺さった状態の人骨が出土した。これらがすべて同じ層において確認されたとしよう。このような全体的な状況があれば、その都市が、この層が形成された時代に、遠くからやって来た人々との戦争によって破壊された可能性が高いと結論付けることができるのである。

床で厚い灰に埋もれていた壺（テル・トゥエイニ、シリア、紀元前11世紀）

では実際にこのような状況が遺跡から見られることはあるのだろうか。西アジアの遺跡の多くからは、こうした戦争の痕跡をしばしば見出すことができる。例えば、本書で何度も紹介しているアッシリア帝国は、紀元前七三三〜七三二年に大規模な軍事遠征を北イスラエル王国に対して行ったが、同王国の諸遺跡からはこの時のものと思われる破壊の痕跡がしばしば見つかっている。この出来事は列王記にも記されている。

イスラエルの王ペカの時代に、アッシリアの王ティグラ

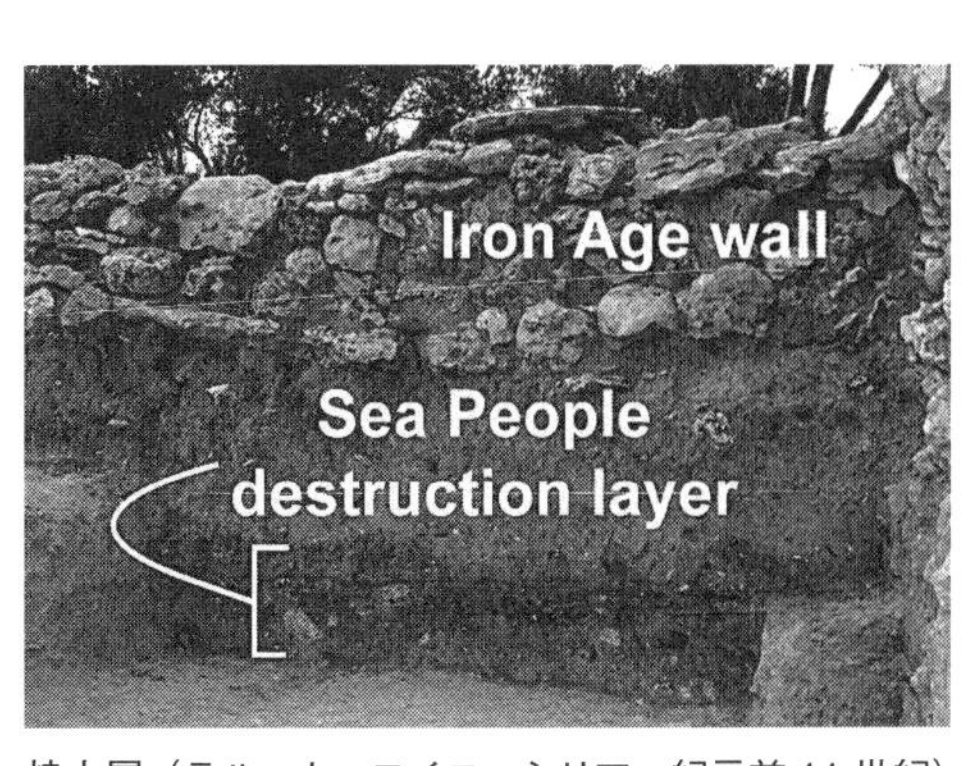

焼土層（テル・トゥエイニ、シリア、紀元前11世紀）

ト・ピレセルが攻めて来た。彼はイヨン、アベル・ベト・マアカ、ヤノア、ケデシュ、ハツォル、ギルアド、ガリラヤ、およびナフタリの全土を占領し、その住民を捕囚としてアッシリアに連れ去った。
（列王記下15章29節）

戦争による惨禍

聖書は、戦争がもたらす惨禍をしばしば描いている。敵が都市を取り囲んで時間が経つと、都市内では食糧不足が生じる。聖書はそうした状態についてのおぞましい場面をも描いている。本章冒頭に挙げた箇所はその最たるものである。他にももう少し例を見てみよう。

サマリアはひどい食糧不足となり、さらに包囲が続いたので、ろばの頭一つが銀八十シェケル、鳩の糞四分の一カブが銀五シェケルまでになった。
（列王記下6章25節）

「それで、私たちは、私の子どもを煮て食べました。次の日、私が、『あなたの子どもをよこしなさい。その子を食べましょう』と言いますと、この女は自分の子どもを隠してしまったのです。」

（列王記下６章29節）

だがラブ・シャケは彼らに答えた。「主君が私を派遣されたのは、お前の主君やお前にだけ、これらのことを伝えるためだというのか。むしろ、城壁の上に座っている者たちのためではないか。彼らもお前たちと一緒に、自分の糞尿を飲み食いするようになるのだ。」

（列王記下18章27節）

ここに描写されていることが史実か否かを検証するすべはない。しかし、「兵糧攻め」という言葉に表されるように、攻囲された都市における飢餓が時として深刻になったことは歴史的に見ても確かである。また現代においても、アジア・太平洋戦争の記憶が語られる場合に、食糧難のことが人々の口に上ることは少なくない。

では、征服された都市の住民の運命はどのようなものだったのだろうか。関係する聖書の記述を見てみよう。

彼らは町の中にあるすべてのものを滅ぼし尽くした。男も女も、若者も老人も、また牛、羊、ろばに至るまで剣にかけた。

（ヨシュア記６章21節）

この描写は、ヨシュア率いるイスラエルの人々が、荒野での四〇年間の放浪を終え、ヨルダン川を渡河して「約束の地」に入り、エリコという都市を征服した場面の記述である。ここで描写されてい

ラキシュからの略奪品（香炉台）を持つアッシリア兵（紀元前 700 〜 692 年、ニネヴェ出土、大英博物館蔵、筆者撮影）

アッシリア兵に皮を剥がれる人々（紀元前 700 〜 692 年、ニネヴェ出土、大英博物館蔵、筆者撮影）

る行為は、中命記20章16節に記されている「あなたの神、主があなたに相続地として与えるこれらの民の町からは、息のあるものを決して生かしておいてはならない」と合致する。しかし、人間はおろか貴重な財産である家畜まで殺すということは、なかなか想像しがたい。むしろ、「あなたの神、主はその町をあなたの手に渡されるから、町の男をすべて剣にかけて打ち殺しなさい。ただし、女、子ども、家畜、および町にあるものはすべて、戦利品として奪い取ることができる。あなたは、あなたの神、主があなたに与えられた敵からの戦利品を自由にしてもよい」と記す申命記20章13―14節の方が、実態に近いのではないかと想像する。ただし、こちらが適用されるのは「遠く離れた町」のみであると申命記は記す（15節）。

次に、イスラエルの敵側の行為についての記述も見てみよう。

ハザエルが、「ご主人様、どうして泣かれるのですか」と言うと、エリシャは言った。「私は、あなたがイスラエルの人々に危害を加えようとしているのを知っているからだ。あなたは彼らの砦に火を放ち、若者を剣にかけて殺し、幼い子

捕囚として連れていかれるラキシュ住民（紀元前 700 ～ 692 年、ニネヴェ出土、大英博物館蔵、筆者撮影）

を八つ裂きにし、妊婦を切り裂く。」（列王記下8章12節）

これはアラムの王となるハザエルが、将来イスラエルの人々に対して行うであろうことをエリシャが予見する場面である。もっとも、この予見が成就した様を描く部分は現存する聖書のテクストには存在しない。

北イスラエル王国の都サマリアはアッシリアによって、南ユダ王国の都エルサレムはバビロニアによって、それぞれ征服されている。これらの場面を描写する記述も抜粋してみよう。

そして、ホシェアの治世第九年に、アッシリアの王はサマリアを占領した。彼はイスラエル人を捕囚としてアッシリアへ連れ去り、ヘラ、ハボル、ゴザン川、メディア各地の町に住まわせた。（列王記下17章6節）

ここには特に残虐行為は記されていない。住民を捕囚として連れ去ったとあるのみである。この後のアッシリアの碑文史料は、サマリア出身の戦車隊に言及していることから、技術を持った人々は、アッシリアでも相応の位に就くことができたと考えられる。その他の住民は世代を重ねていくうちにほとんどがアッシリア帝国の住民に同化したものと推測される。

エルサレムの征服については非常に詳しい記述がある。長いので一部抜粋する形で紹介しよう。

> そこで、バビロンの王ネブカドネツァルとその全軍は、ゼデキヤの治世第九年、第十の月の十日に、エルサレムに向けて出陣し、これに対して陣を敷き、周囲に包囲壁を築いた。都は包囲され、〔中略〕都の中では飢えが厳しくなり、ついに国の民の食料が尽きてしまった。〔中略〕カルデア軍は王を捕らえ、〔中略〕ゼデキヤの子どもたちをその目の前で惨殺し、ゼデキヤの両目を潰し、青銅の足枷につないでバビロンに連行した。〔中略〕そして主の神殿と王宮を焼き払い、エルサレムの建物をすべて、大きな建物もみな火で焼き尽くした。〔中略〕都に残っていたその他の民、バビロンの王に投降した者、その他の群衆は、親衛隊長ネブザルアダンが捕囚として連れ去った。〔中略〕カルデア人は、主の神殿にあった青銅の柱と台車、また主の神殿にあった青銅の「海」を打ち砕き、その青銅をバビロンへ運んだ。そして壺やシャベル、芯切り鋏（しんきばさみ）、柄杓（ひしゃく）など、祭儀用の青銅でできた品々をことごとく奪い取った。〔中略〕こうしてユダは自分の土地を追われ、捕囚の身となったのである。
>
> （列王記下25章1―3、6―7、9、11、13―15、21節）

バビロニア軍は建築物を破壊し、人々を捕囚として連れ去った他、神殿の祭具を略奪しているが、殺害したのは主だった人々のみで、王子は殺されたが王自身は殺されてはいない。エリコの町の住民

アッシリア兵に杭に架けられる人々（紀元前700～692年、ニネヴェ出土、大英博物館蔵、筆者撮影）

に対してヨシュアたちがとった行為とはずいぶん違うようである。

こうした残虐な記述を裏づけるように、アッシリアによるユダの町ラキシュ征服の場面を描く浮彫には、連行される人々の姿と、一部の人々が殺害され皮膚を剥がされて杭に架けられている姿が描かれている。

戦争の痕跡・記憶とその伝承

戦争は多くの悲しみや憎しみをもたらす。人間はとりわけ個人としてそうした過去の悲しみや憎しみを記憶する。そうした記憶を、周囲に伝える人もいる。また、人間集団がそうした悲しみや憎しみを伝承しようとすることもある。その理由は非戦のためであったり、国家成立の正当性を喧伝するためであったり、国内における政治批判をかわすためであったり様々であろう。こうした記憶の伝承に使われるのが様々な記録である。

逆に言えば、記録のない時代の戦争がもたらした悲しみや憎しみは伝承されにくい。日本には「戦国時代」と呼ばれる時代があり、その戦乱では多くの人々が犠牲になったはずだが、そこで生まれた憎しみは概ね受け継がれていないと言えよう。しかし、同じ頃に豊臣秀吉が行った文禄・慶長の朝鮮侵略（壬辰（じんしん）・丁酉（ていゆう）倭乱（わらん））は、今でも朝鮮半島の人々の記憶に連なっているように思う。なぜだろうか。それは多分に近現代の帝国主義的日本による朝鮮半島侵略の先駆けとして位置づけられていることによる。同時にこれは歴史教育の「成果」の一つとも思える。

アジア・太平洋戦争末期、アメリカは日本列島のいたるところを空襲し、また沖縄には上陸して激しく戦い、そして広島と長崎には原子爆弾を落として多くの人命を奪った。この戦争に関連する記録も決して少なくない。しかし、日本におけるこの戦争を直接体験していない世代において、アメリカに憎しみを抱いている人の割合は多いとは言えないのではないだろうか。アメリカ大統領は、一度たりとも原爆投下について公式に謝罪したことはないにもかかわらず、である。

その理由の一つは、敗戦国日本が戦後ＧＨＱの「監督」下で、歴史教育をスタートさせたことにある。日本はＧＨＱの占領下において、新課程の教育を開始した。ＧＨＱはこの時代、日本人が執筆した歴史の教科書を検閲したのである。これには、皇国史観がはびこっていた戦前・戦中の日本の価値観を転覆させるという機能があったのだが、同時にそれは、反米思想が盛り込まれるのを防ぐ機能も果たした。報道においても同様の検閲が行われていたことは想像に難くない。こうした検閲は、アメリカが日本に与えた損害の記憶をじわじわと消し去ろうとする権力による「記憶」の操作だったのである。

それと同時に、日本では近年、自らが戦時中アジア諸国に与えた加害の記憶を消し去ろうとする試みも顕著である。こうした被害／加害の「記憶の消去」は、いずれも時の権力が自らに都合のよい「記憶」を創出せんとする試みであるが、他方で「被害記憶の強調」にもこうした力学を見て取ることができる。例えば、現代イスラエル国家において、ホロコーストがパレスチナにおける建国の正当化に利用されているように見えることが（筆者には）ある。もちろん、ホロコーストなどの悲惨な歴史をしっかりと語り継ぐ必要があることに疑いはないが、そうした歴史を、その時々の政権が自分たちのイデオロギーを正当化するための政治的道具として用いることに対しては、わずかなりとも警鐘を鳴らしたい。

こうした歴史のイデオロギー的修正または利用を防ぐためには、様々な取り組みが必要とされる。筆者が多少なりとも関わっている歴史教育に関して言うならば、「教科書検定」という名のもとに行われる国家の歴史教育に対する検閲制度の変更が挙げられる。歴史教育は「国民国家」の基盤であるがゆえに、それを通じて政府は「愛国心」を植え付け、極端に言えば政府に妄従する人間を作ることを最重要視する。現在の教科書検定制度はそれでも、制度に直接携わる役人と研究者（執筆者も検定をする人間も研究者）とのせめぎ合いの中で、国家の暴走をある程度は押しとどめる機能を果たしてきた。しかし、検定制度は文部科学大臣の管理下に置くのではなく、研究者の自己検閲という手に委ねるべきであると筆者は考える。研究者は（昨今時々お茶の間をにぎわせる「捏造」や「剽窃」という問題もあるが）、査読という制度を通して出版する論考の客観性を担保する制度を発達させてきた。こうした研究者側の「自己検閲」の制度を活用し、しっかりとした議論のもとに歴史教科書を作成すべきであると思う。それで都合が悪くなるような政府なら存在しない方がよいのである。教科書検定は、「文部科学大臣が教科書として適切か否かを審査」するそうだが、文部科学大臣には小・中・高のあらゆる学習分野に通じた専門家がなっているわけではあるまい。昨今の文部科学大臣に歴史研究者は一人もいない。また、コロコロと変わる大臣に、教育政策ばかりでなく教育内容まで任せていては、現場が混乱するばかりである。教科書の内容の審査ぐらいは専門家を信頼してほしい。

もう一つの取り組みとして挙げられるのは、言うまでもなく、悲惨な戦争がもたらした悲しみや憎しみを乗り越えようとする超国家間の努力である。これには「歴史認識」の違いも含まれる。国境を接した隣国としてたびたび戦争を繰り返してきたフランスとドイツは、二〇〇六年から共通歴史教科書を両国で導入してきた。共通の歴史教科書を執筆しようという試みは、研究者レベルでは日本と韓国などとの間でも始まっているが、「歴史認識」の違いからなかなか難しいという話を聞く。しかしわれわれとしては、どんなに難しくても、そうした努力を続けなければならない。現在、日本は以前にもまして周辺のアジアの国と活発に交流するようになった。互いの国への往来が盛んになり、互いの国に長期的に居住する人が増え、また国際結婚の数も増えている。こうした現象が今後加速していくことになれば、人々の間でもこうした「歴史認識」の違いを乗り越えようとする動きが活発になってくることが期待される。

これまでの連載でも明らかにしてきたように、「歴史」の記述は決して完全に価値中立的なものとはなり得ない。たとえそうであったとしても、否、そうであるからこそ、悲惨な戦争の記憶をめぐっても、国家や民族のイデオロギーを超えた「認識」を作り出すための不断の努力が必要とされているのである。

あとがき

本書は、『福音と世界』二〇一九年一月号から二〇二〇年一二月号まで全二四回にわたって掲載された「遺跡が語る聖書の世界」の原稿に手を入れたものである。単行本化に当たり、連載時ならではの表現を適宜改めたり、新たに若干の説明を加えたりした。本書内に一部内容が重複する箇所があるが、それらは取り上げた文脈や取り上げ方が異なっているため、若干の手当てをしつつも残すこととしたものである。

筆者にとってこれが初めての連載であった。新教出版社からお話をいただいた時には、これほど大変だとは思ってもみなかった。何が一番大変かと言えば、ネタ探しである。「遺跡が語る聖書の世界」と銘打っているため、遺跡から出土するものを中心とする展開としなければならない。扱うテーマについて編集部からも色々ご提案をいただいたが、遺跡はそれらすべてについて語ってはくれない。土中に残りやすいものと残りにくいものがあるからである。遺跡が語るものから話を作ろうとすると、それは聖書とは直接関係しないものになってしまう可能性が大いにある。遺跡が語る聖書の世界を描くのは力量のない筆者にとってはなかなか難しいことを、今回身をもって学んだ。図版、字数、締切の問題は言うまでもない。世の中に数多いる長期連載の執筆者にはただただ頭が下がる。

同時に、連載であることによって時事問題と絡めて書けるという面白さも味わわせてもらった。『福音と世界』には毎号刺激的な連載や特集記事が並んでいる。本書における筆者の記述には、それらに触発された部分も少なくない。こうした文章を書くことはこれまでなかったため、筆者にとってはすこぶる新鮮であった。

連載初回の記事を書いた二〇一八年の秋には、まだ新型コロナウィルスは人々の口にも上っていなかった。それが話題となったのは二〇二〇年の一月頃からであり、このあとがきを書いている現在もそれは依然として深刻な問題であり続けている。このウィルスはこれまで世界中の多くの人々の命を奪い、また大勢の人々の生活に重大な影響を与え、そして各国の政府に経済活動の維持と感染拡大防止の両立といった困難な課題を突き付けてきた。

感染防止対策を繰り出す政府の迷走ぶりを批判することは易しい。補償なき休業要請、ワクチン確保の遅れ、ＰＣＲ検査の未充実、水際対策の甘さ、緊急事態宣言のタイミングなど、確かに政府の対策は後手後手に回ってきた印象がある。すでに少なからぬ人々が職を失い、家を失い、命をも失った。政府の対策が十分な効果を上げていないのは火を見るよりも明らかである。他方、次々と現れる新種の、そして強力なウィルス変異株を前に感染拡大を十分に抑えられている国はほとんどないのも実情である。連載の最後の数回分を筆者はドイツで執筆した。そこではマスクの着用義務、夜間外出制限、そしてほとんどの店舗の休業など、日本よりもはるかに厳しい対策が長期間取られていたが、それでも変異株が広がり始めると感染拡大を抑えることができなくなった。なんとも厄介なウィルスである。

感染拡大対策の成否はさておくとしても、国民に自粛を要請しておきながら自らは会食やパーティーを続ける政治家たちにはこの間何度も失望させられた。何よりも落胆したのは、記者や野党議員たちからの質問にまともに答えようとせず、答えになっていない答えをオウムのように繰り返す、あるいはろくすっぽ返答できないために、質問した記者の上げ足を取って煙に巻こうとする政治家たちの姿である。大勢の国民が見守る中でそのような態度を見せて、彼らは恥ずかしいとは思わないのか。まともな議論ができない、言葉を大切にしないこのような人間たちが国のトップに平気な顔をして座っている有様を子供たちは見て育つ。彼らが生きる国の将来はいったいどうなるのだろうか。

本書をはじめ、これまでの著書で筆者が示そうとしてきたことの中に、聖書がいかに重層的な書物かということがある。そこには複数の、時として相反する「声」がこだましている。無論編集過程で削除された部分もあろう。しかし耳を澄ましさえすれば、今でも様々な声をはっきりと聞き取ることができる。逆に言えば、そうした異なる声を聖書は敢えて残してきたのである。それは異なる声、異なる意見に敬意を払ってきたからであろう。遠い昔に聖書を記した人たちもまた、その時代時代にあって未曽有の災難に直面してきた。災難に対処するために様々な意見が出されたことは想像に難くない。それら異なる声を、聖書をまとめた人たちは排除しつくすことはなかったのである。我々も困難な課題にあたっては皆で知恵を絞り、相手の意見を尊重しつつ議論を尽くし、そのうえで最善の方法を探るべきではないのか。少なくとも今の子供たちが将来そうすることができるような素地を我々は残しておかねばならない。

『福音と世界』への連載にあたっては、新教出版社の工藤万里江さんにひとかたならぬお世話になった。また単行本化にあたり、新教出版社社長の小林望さん、橘耕太さんにも原稿を細かく見ていただいた。記して感謝したい。

二〇二一年七月　東京にて

長谷川修一

旧約聖書続編

聖書個所索引

長谷川修一（はせがわ・しゅういち）

1971年生まれ。立教大学文学部教授。筑波大学大学院博士課程単位取得退学。テル・アヴィヴ大学大学院ユダヤ史学科博士課程修了。専門は西アジア古代史、旧約学、西アジア考古学。著書に『聖書考古学』『旧約聖書の謎』（中公新書）、『ヴィジュアルBOOK旧約聖書の世界と時代』（日本キリスト教団出版局）、『歴史学者と読む高校世界史』（共編著、筑摩書房）、『謎解き聖書物語』（筑摩書房）、『旧約聖書〈戦い〉の書物』（慶應義塾大学出版会）など。

遺跡が語る聖書の世界

2021年9月1日　第1版第1刷発行

著　者……長谷川修一

発行者……小林　望
発行所……株式会社新教出版社
〒162-0814 東京都新宿区新小川町9-1
電話（代表）03 (3260) 6148
振替 00180-1-9991
印刷・製本……モリモト印刷株式会社

ISBN 978-4-400-21331-4　C1016